Lady Pecas

M

Primera edición: febrero de 2019
Tercera reimpresión: mayo de 2019

Printed in Spain – Impreso en España

ISBN: 978-84-17460-86-0
Depósito legal: B-366-2019

Compuesto en M. I. Maquetación, S. L.

Impreso en Limpergraf
Barberà del Vallès (Barcelona)

GT 6 0 8 6 0

Penguin
Random House
Grupo Editorial

Lady Pecas

¡Locuras lejos de casa!

Ilustraciones de
Raquel Travé

montena

Una invitación superespecial

¡Hoy estoy **SÚPER, SÚPER, SUPERCONTENTA Y SUPER-EMOCIONADA**! Vale, ya sé que eso son muchos **SÚPERS**, pero no estoy exagerando para nada, porque tengo que contaros **DOS COSAS SUPERIMPORTANTES.**

La primera es que por fin mi madre me deja grabar mis propios vídeos **SOLA**, así que a partir de **AHORA** os voy a contar **ABSOLUTAMENTE TODO** lo que me pase.

Y empezaremos con esto (es la segunda **COSA IMPORTANTE** que os tenía que contar):

¡Acabo de recibir una invitación **SUPERESPECIAL**!

Sí, ya sé que todo parece muy **SÚPER**, pero es que lo es, **DE VERDAD SUPERVERDADERA.**

A ver, que me calmo y os cuento qué pone en **LA INVITACIÓN**. Bueno, mejor os la enseño y la leéis vosotros mismos:

¿Niños y niñas de todo el mundo? ¡Me apunto! Pero... ¿en qué destaco yo?

Sociedad de Sabiduría Social

Querida Daniela:

Tenemos el placer de invitarte a participar en un proyecto innovador puesto en marcha por la Sociedad de Sabiduría Social, más conocida como SSS.

Se trata de una convivencia internacional exclusiva que contará con el talento de niños y niñas que destacan en diferentes áreas, entre los cuales te encuentras tú, Lady Pecas.

Adjunto encontrarás un billete de avión de ida y vuelta a [redacted] para el próximo domingo a las 12.00 horas.

¡Eso es muy lejos! Lo siento, *cuties*, pero no puedo deciros dónde es. Pronto lo entenderéis...

Estaríamos enormemente agradecidos si pudiéramos contar con tu presencia. Estamos seguros de que tu aportación será de gran valor.

Fdo.: Darla Charla, directora de la SSS.

¿Será su nombre de verdad?

P. D.: No reveléis dónde se celebrará la convivencia. Todos contáis con miles de fans y no queremos que haya incidentes en las instalaciones. Vuestros padres pueden contactar con nosotros en el teléfono [redacted] para más detalles.

Lo que os decía: no podemos decir dónde vamos

Esto también es secreto, sorry...

¿Qué os parece, **cuties**? Ya sé que hay muchas incógnitas, pero eso lo hace **MUCHO** más emocionante, ¿no? Aunque estoy **SUPERNERVIOSA** porque no sé si mi madre me dejará asistir. Teníamos planeado ir a la playa todos juntos, pero esto... Bueno, **¡ESTO ES MUCHO MEJOR!** Voy a preguntarle y vuelvo enseguida. ¿Creéis que me dejará? **¡PONED SÍ O NO EN LOS COMENTARIOS!**

¡Deseadme suerte, **cuties**!

- [x] Sí, ¡y te lo vas a pasar genial, Daniela!
- [ ] No, seguro que no te deja porque aún eres pequeña.

Cuties, he tardado un poco en volver porque justo era la hora de la cena y claro, ¿quién se resiste a unas albóndigas con tomate? Hugo, mi hermano, ha intentado robarme una porque dice que es mayor que yo, así que le corresponde una más. Este argumento estaría genial si lo utilizase con **TODA** la comida, pero cuando hay verduras no le tocan más... ¡le tocan menos! Lo que sí que tiene **SEGURO** es **MUCHO** morro. ¡Suerte que mi hermano Mateo ha impedido que **EL LADRÓN DE ALBÓNDIGAS** me dejase sin cena!

Pero ya sé que mi cena no os importa tanto como la respuesta de mi madre. ¿Y sabéis qué ha dicho? ¡Que sí! **SÍ A IR AL VIAJE. ¡SÍ A LA AVENTURA! ¡SÍ A LA MEJOR EXPERIENCIA DE MI VIDA!** (¡Estoy segura!)

Eso sí, tiene algunos peros, y dice que tiene que llamar a los organizadores para aclarar algunas cosas más (es **SUPERCONTROLADORA** y tiene que saberlo absolutamente ¡todo!). Estos son solo algunos de ellos:

- Pero... ¿quién me va a cuidar?
- Pero... ¿qué tipo de alimentación vamos a tener?
- Pero... ¿hay que llevar ropa de abrigo?
- Pero... ¿me puede acompañar hasta allí?
- Pero... ¿hay día de visita de padres?
- Y mil peros más.

Ya tengo diez años, suficientes para ir sola a **CASI** cualquier lado, pero mi madre me sigue tratando como si tuviera cinco. ¡Qué pesada! ¿Vuestros padres también os tratan como si fuerais pequeños?

- [x] Sí, creen que aún soy un bebé.
- [ ] No, me dan muchas responsabilidades como si fuera mayor (demasiadas).

Espero que todos estos peros se solucionen y mi madre deje de ser la madre más pesada del mundo mundial, pero de momento... ¡de momento me voy a la cama!

No sé si podré dormir, porque me **MUERO DE GANAS** de que llegue el domingo y ya noto los nervios en la barriga, como cuando tienes un examen y sientes mariposas alocadas revoloteando por el estómago...

¡El domingo me voy de viaje!

Mi aventura empieza con olor a pies

Cuties, ¡ha llegado **EL DÍA**! Por fin es domingo y ya estoy con mi madre en el aeropuerto. No está muy contenta porque no me va a ver en unos días y, además, le dijeron que no podía acompañarme, que tenía que viajar sola y que, encima, no había día de visita de padres. **¿OS LO PODÉIS CREER?**

Como mi padre está de viaje, he tenido que contárselo **TODO** por teléfono. ¿Y dónde están ahora mis hermanos? Aquí no: no han querido venir al aeropuerto. Sí, así es, Hugo no quería madrugar y Mateo ha dormido en casa de un amigo. Aunque yo creo que todo son excusas porque nunca han estado sin mí y seguro que se les notaría la cara de pena al ver que me voy...

¡QUITA, PESADA! SOLO SERÁN UNOS DÍAS.

Eso sí, ayer logré que nos hiciéramos una foto de recuerdo todos juntos, incluidos **CHARLIE** y **MAX**, nuestros gatitos, a los que les di un achuchón **EXTRAGRANDE** de despedida. A mis hermanos, solo **MEDIO** achuchón, porque se creen tan mayores que no dan abrazos y tuve que apretujarles a la altura de la cintura, como si fuese un koala australiano.

Aunque vaya sola, por lo menos tengo la foto en el móvil. Sí, sé que debería estar **SUPERCONTENTA** porque mi madre me deja llevar el móvil, pero ha sido a cambio de prometerle que le contaría **TODO** por WhatsApp. Y cuando digo **TODO ES TODO**: lo que desayuno, lo que como, lo que ceno, cómo he dormido, a quién he conocido... En resumen: **¡TODO LO QUE HAGA!** Ya me lo imagino:

Hija, estás bien?

Que sí, mami...

Has comido verdura?

Que sí, mami...

Te has lavado los dientes?

Que sí, mami...

Tienes amigos?

Que sí, mami...

Me echas de menos?

Que sí, pesada!!!

Pesada? A que voy y te quito el móvil?

Que sí, mami...

Tendré que inventar algo para no sufrir el **CONTROL** de mi madre las veinticuatro horas del día como si estuviera en casa. **PERO... ¿CÓMO PUEDO HACERLO SIN QUE SE ENFADE?** **¡PONEDLO EN LOS COMENTARIOS!**

- [x] Decir que te quedaste sin batería.
- [ ] Decir que perdiste el móvil (pero igual te mata).
- [ ] Contarle todo cada día, es el trato que has hecho.
- [ ] Otra idea: ________________________

Ahora os dejo, que tengo que pasar por seguridad, ¡si es que mi madre me deja ya de abrazar!

Cuties, ya estoy en el avión.

¡Qué vergüenza he pasado! Mi madre no me quería soltar y yo he empezado a gritar. ¡Iba a hacer que perdiese el avión! Ella me estiraba hacia un lado, yo intentaba irme hacia otro... Hasta que alguien nos ha separado. Y no un alguien cualquiera: ¡dos guardias de seguridad! Han venido hasta nosotras porque creían que me estaba **SECUESTRANDO**. Por suerte, nos han llevado a una salita y allí lo hemos aclarado todo. Mi madre no es una secuestradora, como mucho tendrían que detenerla por **MAMI PESADA Y BESUCONA**. Pero eso, de momento, **¡NO ES ILEGAL!**

Al final, mi madre me ha soltado y nos hemos despedido. Ella se ha quedado llorando porque me voy muy lejos sin ella, pero le he prometido que le escribiría cada día. Y ahora sí, es una promesa y no la puedo romper. Además, es mi madre, ¿no? Igual no se lo cuento **TODO TODO**, pero casi.

Pero eso no es lo único que ha pasado. Porque desde que he entrado en el avión **TODO HA EMPEZADO A IR PEOR**.

Me ha tocado sentarme al lado de un señor **CALVO** que no para de **RONCAR**.

Además, de su boca cuelga un hilo de **BABA** que cada vez se hace más largo, ¡y yo tengo que hacer de contorsionista para que no me toque!

Pero eso no es lo **PEOR DE LO PEOR**. Lo que aún es **PEOR** es que, mientras yo intentaba aprovechar el tiempo grabando un **TIKTOK** en mi asiento, entre el señor de la baba y yo ha aparecido un pie.

Sí, un pie regordete que **APESTA** y que se ve claramente en el vídeo que estoy tratando de grabar.

Es del niño que está sentado detrás y que ha decidido estirar las piernas apoyando **SU** pie en **MI** reposabrazos. Huele a **QUESO PODRIDO UNTADO EN MANTEQUILLA CADUCADA**, así que lo he mirado haciendo gestos para que lo quitara, pero en vez de quitarlo... ¡ha empezado a **DAR PATADAS A MI ASIENTO**!

¿Es que acaso no tiene padres para que le digan que sus **PIES APESTOSOS** debería sufrirlos solo él?

Los he buscado con cara de enfadada para decirles algo, pero no había nadie. Debe de viajar solo, **COMO YO.**

¿Y AHORA QUÉ? No quiero llamar a la azafata porque no me gusta chivarme, así que estoy pensando en hacerle cosquillas para que lo quite. Eso sí, tendría que buscar un **TROZO DE PAPEL** para hacerle las cosquillas, porque **NO** pienso tocar ese pedazo de carne maloliente con mis dedos: olerían a **QUESO PODRIDO** durante **CUATRO DÍAS**, ¡y seguro que ni duchándome se me iría la **PESTE**!

¿QUÉ HARÍAIS VOSOTROS PARA CONSEGUIR QUE QUITE EL PIE?

- [x] Cosquillas. ¡Seguro que funciona!
- [ ] Pintarlo con rotuladores (garabatos o un dibujo muy feo).
- [ ] Llamar a la azafata no es chivarse.
- [ ] Otra idea: _______________________

Voy a ver si funciona. Es un viaje muy largo y no pienso aguantar el pie sudoroso aquí. Tengo que descansar antes de llegar a nuestro destino y la peste me va a dejar tan grogui que no seré capaz de despertarme después. Además, ¡estoy **SUPERNERVIOSA**! ¿Haré muchos amigos? ¿Lo pasaré bien? ¿Echaré de menos a mi madre?

Estoy deseando llegar para librarme del pie apestoso, pero sobre todo tengo ganas de llegar ¡para contároslo **TODO**!

Mi llegada... ¡acompañada!

Cuties, estoy en un rincón grabando para poneros al día. **¡ESTO ES UNA PASADA!** No tengo palabras para explicaros lo bonito que es este lugar... Pero ¿dónde lo dejamos? En el avión, ¿no?

Pues os cuento: resulta que mi plan de hacer cosquillas al niño para que quitara su pie apestoso de mi reposabrazos no ha tenido **NINGÚN** éxito. Más bien ha sido un **FRACASO TOTAL**. El niño, que os adelanto que se llama Nico y tiene once años, no solo se ha aguantado la risa, sino que me ha dicho que si no quería que su pie me molestara, podía sentarme a su lado. **¿OS LO PODÉIS CREER?**

Y justo cuando me decía esto, el señor calvo de los ronquidos ha empezado a caer poco a poco sobre mí y, con él, su **BABA EXTRAPEGAJOSA**.

NO TENÍA OPCIÓN: debía elegir entre morir aplastada entre babas o mudarme al asiento de atrás con el niño de los pies de queso podrido.

Y SÍ: HE ELEGIDO CAMBIARME DE SITIO.

Peeero mis problemillas en el avión no han terminado ahí. Resulta que mi nuevo vecino de asiento, el de los pies apestosos, no ha parado de hablar durante **TODO** el vuelo. Y cuando digo todo, digo **TODO**: que si se llamaba Nicolás pero todos le llamaban Nico, que si tenía once años pero era suuuperlisto y había ganado concursos de cálculos matemáticos, que si resolvía tres cubos de Rubik a la vez en menos de diez segundos, que si **BLA, BLA, BLA**. ¡Era **TAN** pesado que me he quedado más frita que las patatas del McDonald's! Pero todo tiene un lado positivo: cuando me he despertado, ya habíamos llegado.

Yo estaba feliz porque **POR FIN** me iba a librar del niño-pie, así que he recogido mis cosas a cámara lenta para no tener que bajar con él como había planeado, Nico se ha despedido y se ha alejado por el pasillo. Después una azafata me ha acompañado hacia una limusina **ENORME**, idéntica a las que llevan a los actores a los Oscar, y me ha dicho que ese sería mi transporte hasta el lugar de la convivencia. Era tan negra, tan brillante y tan elegante que me ha hecho sentir **SUPERIMPORTANTE**.

No iba a permitir que el pequeño tras**PIÉ** del avión, valga la redundancia, me amargase la aventura que estaba a punto de comenzar, así que he abierto la puerta de la limusina dispuesta a emprender el camino hacia los días más maravillosos de mi vida cuando...

¡HORROR! ¿Adivináis **QUÉ** o, mejor dicho, **QUIÉN** estaba ahí esperándome?

SÍ. El niño-pie ahí sentado solo quería decir una cosa: era uno de los niños de la convivencia.

¿Cómo no me había dado cuenta? Viajaba solo, era **SUPERHIPERMEGALISTO** (y superhipermegarrepelente también) y en la invitación decía que habría niños con diferentes talentos... **¡TODO CUADRABA!**

Así que he entrado en la limusina y he tenido que sentarme a su lado (por suerte llevaba puestos los zapatos), pero no le he dicho **NADA** durante todo el trayecto.

Como él hablaba **TANTO**, yo creo que ni siquiera se ha dado cuenta.

Por fin hemos llegado, pero, *cuties*: no hemos llegado a un sitio cualquiera, sino a uno **SUPERIMPRESIONANTE.**

Es un gran edificio de cristal rodeado de fuentes, columpios, esculturas, bancos, bicicletas de colores listas para usar en una esquina, una gran piscina y, por supuesto, un jardín enorme lleno de árboles frutales y flores. Y claro, Nico no ha podido resistirse y se ha quitado los zapatos para pisar la hierba.

PERO ¿QUÉ LE PASA A ESE NIÑO CON LOS PIES? Después de pisotear un rato la zona verde, se ha ido hacia una fuente y los ha metido allí. Si la fuente hubiera tenido peces estoy segura de que habrían muerto al instante por el hedor.

«Mira, ¡así no le olerán durante un rato!», he pensado.

Yo he ido directa a la entrada y era tan **AMAZING** que me han dado ganas de hacer unas fotos para mi Insta y enseñároslo todo. Pero un chico que ha salido a recibirme me ha dicho que no había tiempo para eso y ha cogido mi maleta para acompañarme al salón de actos. **¡LA CEREMONIA DE BIENVENIDA ESTABA A PUNTO DE COMENZAR!**

Me ha llevado por un pasillo donde había un montón de cuadros en las paredes de esos que le gustan a mi madre y que me enseñó en **LONDRES**.

Siempre nos obliga a ir a museos con ella porque dice que la cultura y el arte son importantes.

Pero ¿cómo va a ser importante un cuadro lleno de churretes de pintura, como cuando se te cae un bote al suelo y chorrea todo? ¿O un cuadro que solo es mitad de un color y mitad de otro?

Vaya morro tienen esos pintores (**POLLOCK** y **ROTHKO** creo que se llamaban...), **CUATRO GARABATOS** y ¡hala, a hacerse **FAMOSOS**!

¿Vosotros entendéis el arte abstracto? **¿SÍ O NO?**

- [ ] SÍ, ME ENCANTA PORQUE ME HACE SENTIR COSAS.
- [x] NO, SON SOLO GARABATOS QUE PUEDE HACER CUALQUIERA.

Después de ese pasillo que parecía un **MUSEO**, hemos llegado a este **SUPERSALÓN**. ¿Os gusta? Yo le pondría algunos muebles con colores, pero hay que reconocer que todo blanco es **MUY COOL**, ¿no? ¡Es como un gran salón del futuro para mí sola! Aún no ha llegado nadie y por eso aprovecho para grabar, pero..., esperad, **¡PARECE QUE LLEGA ALGUIEN!**

Reglas y gente inesperada

Cuties, ¡ya tengo una amiga! Se llama **ISABELLA**. Pero queréis saber cómo la he conocido, ¿no?

Os lo cuento rápido porque tengo que volver a entrar enseguida, nos han dado un descanso de diez minutos.

Bueno, ya sabéis que he llegado la primera al salón de actos, ¿no? Pues justo después ha llegado ella y se ha sentado a mi lado. Es de **MÉXICO**, habla con un acento superdulce y es muy **DIVERTIDA**. Y lo más **INCREÍBLE** de todo... ¡Es una **CANTANTE FAMOSA** de su país! Ganó un concurso de la tele y ahora hace sus propias giras. ¡Y canta fenomenal!

¡Nos hemos hecho amigas **AL INSTANTE** y hemos intercambiado los números de teléfono mientras llegaban los demás!

A mi otro lado se ha sentado un niño que no paraba de mirarme de reojo, así que al final he decidido hablar con él. Me ha dicho que se llama Guillermo, pero todos le llaman Will. Por lo visto, es un **ACTOR** bastante famoso en su país, **CHILE**. Para ser actor parece muy tímido... pero ¡es **SUPERGUAPO**!

Pero no todo es tan **PERFECTO** como Will, porque justo detrás de mí se han sentado tres trillizas insoportables que no dejan de dar patadas en mi silla. ¡Solo espero que no se quiten los **ZAPATOS**!

Cuando ya estábamos todos, nos han pedido silencio por megafonía, así que he seguido hablando con Isabella, pero **¡POR WHATSAPP!**

Me das tu Insta?
El mío es @ladypecas

El mío @bellaISAbella

Vale, te sigo!

Genial, qué fotos más chulas!

Soy youtuber, sabes?

Sí? Cómo mola! Yo quiero
abrir mi canal de canciones

Si quieres un día te ayudo

Perfecto. Oye, cómo te
mira ese que tienes al lado!

Ya, tengo algún moco
en la cara?

Jaja! No, qué va!
Será que le gustas

Pero qué dices?,
si ni siquiera me conoce

Ya sabes, los chicos son así...
Oye, no es feo, eh?

Ya, pero a mí me
gusta un chico que se
llama Kevin

—¡¡¡TODOS A SUS SITIOS, POR FAVOR!!!

Bueno, os dejo, ¡que ya tenemos que volver! Luego os sigo contando.

Cuties, estoy a punto de entrar en la fiesta de bienvenida, pero **¡ANTES TENGO QUE CONTAROS ALGO!**

Cuando he vuelto a mi sitio en el salón de actos, ya no estaba Will a mi lado, el chico guapo pero tímido, sino Nico, el de los pies apestosos. **ISABELLA** me ha contado que los ha visto hablar y parece ser que Nico lo ha convencido para cambiarle el sitio. ¿Sería para ver mejor o para sentarse a mi lado? Ya no sé qué pensar, el niño-pie es muy **RARO.**

Luego ha llegado la directora para hacer la presentación. Bueno, ella exactamente no, sino su **HOLOGRAMA**, que es como la directora pero en **3D HECHA DE LUZ** (¡ella no ha aparecido en persona!). Nos ha dicho que formamos parte de un «proyecto educativo muy especial» y que nos agradecía a todos nuestra presencia. Bueno, además ha añadido **MÁS COSAS**:

- *Hemos sido seleccionados por nuestra valía e influencia.*
- *No veremos a ningún adulto durante nuestra estancia (solo hologramas en caso necesario).*
- *Conviviremos durante unos días y pondremos nuestras propias reglas.*
- *Cada día nos propondrán una actividad.*
- *Tendremos que cocinar, limpiar y hacernos las camas nosotros mismos.*

Al oír esto último, las trillizas maleducadas de atrás han protestado, diciendo que no han venido aquí a trabajar, que para eso ya se quedan en casa, donde tienen sirvientes. Y luego se han dedicado a explicarnos lo **«IMPORTANTES»** que son en su país, Estados Unidos, aunque hablan español porque sus padres son de Albacete. Serán muy importantes, pero ¡son aún más insoportables!

Estas son las **TRILLIZAS**. Y sí, se llaman como los meses: **APRIL, MAY** y **JUNE,** o dicho en castellano **ABRIL, MAYO** y **JUNIO.**

¡SOMOS LAS MÁS POPULARES!
SOMOS BAILARINAS, YOUTUBERS, INSTAGRAMERS Y TIKTOKERS.
NUESTRO GRUPO SE LLAMA @TRIDIVAS, ¡PORQUE SOMOS TRES DIVAS DIVINAS!
APRIL
MAY
JUNE

Tienen un grupo de street dance **MUY FAMOSO** y actúan en un montón de sitios. Su hermano, que es rapero, las acompaña siempre y, ¿sabéis lo peor de todo? Que se llama **JULY/JULIO**. ¿Acaso sus padres no tenían ideas para los nombres y cogieron un calendario para inspirarse?

Su hermano también está aquí y no para de **RAPEAR**, haciendo rimas siempre que puede, interrumpiendo incluso a la directora.

El holograma de la directora ha tenido que pedirle silencio para poder explicarnos que ahora, para conocernos mejor, vamos ir a una fiesta juntos. Pero las trillizas **HAN VUELTO A INTERRUMPIR**:

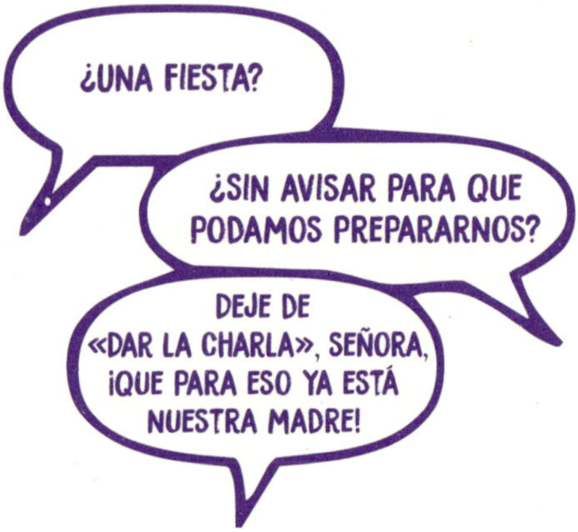

¿OS PODÉIS CREER LO MALEDUCADAS QUE SON? ¡Suerte que hay más gente! Estoy deseando conocer a todo el mundo. Seguro que en la fiesta habrá gente más normal... **¡O ESO ESPERO!** Isabella ya me está esperando para ir. **¡LUEGO OS LO CUENTO!**

La fiesta más desastrosa del mundo mundial

¿Pensabais que sería la mejor fiesta de la **HISTORIA UNIVERSAL**? Pues no. Bueno, lo cierto es que al principio todo parecía **PERFECTO**: sonaba la mejor música y cuando he llegado ya estaban todos bailando. En una esquina había una mesa con agua y refrescos, y **NICO** me ha ofrecido **UN ZUMO XXL DE MANGO Y FRESAS**. Además, resulta que Isabella no es solo una cantante **TOP**, ¡sino que se mueve genial al ritmo de la música!

Sí, era una **FIESTA ÉPICA** hasta que se ha convertido en una fiesta **DESASTROSA**. Y ya os imagináis gracias a quiénes, ¿no? No hace falta que os lo diga, porque seguro que ya os lo estáis imaginando: **LAS TRILLIZAS**.

Como quieren ser el centro de atención **TODO EL RATO**, se han subido a una mesa para hacer uno de sus famosos bailes. Su hermano Julio las acompañaba rapeando.

Hasta aquí nada raro, **¿NO?**

Bueno, pues todo ha sido normal hasta que han decidido sacar a un «voluntario» a bailar. Lo de voluntario es un decir, ya que, sin haberme ofrecido, me **«HAN OBLIGADO»** a salir a mí.

Yo no quería, pero ellas decían mi nombre y todos los demás vitoreaban y aplaudían, así que no me ha quedado más remedio que subirme a la mesa.

Han comenzado un juego en el que ellas hacían un paso y yo lo tenía que imitar. Al principio era hasta divertido y he visto cómo aplaudían todos, pero la cosa ha empezado a **COMPLICARSE PELIGROSAMENTE**: las trillizas han incrementado la dificultad de los pasos, y aunque a mí me gusta bailar, no soy profesional como ellas.

Y entre **MIL PASOS COMPLICADOS**, April me ha ordenado que levantara la pierna **SUPERALTO**. Yo no iba a acobardarme y la he imitado, pero cuando lo he hecho... ¡se me ha rasgado el pantalón y me he quedado con el trasero al aire! Sí: mi culo al aire **DELANTE DE TODOS**.

Se ha hecho el silencio. Nadie se ha reído. Pero eso no ha sido **LO PEOR**. Como he levantado la pierna con tanta fuerza se me ha escapado un PEDO que, ahora sí, ha provocado la risa de **TODO EL MUNDO**, incluidos Isabella, Will, Nico... Pero eso tampoco ha sido **LO PEOR DE TODO**. Ha sido **MUCHÍSIMO PEOR** que May lo estuviera grabando todo con su móvil. Y **LO PEOR DE LO PEOR** ha sido que lo ha posteado en Instagram:

 TriDivas

TriDivas @Ladypecas hace música con el culo
#MiraMiTrasero #YoPongoMiMúsica #EstaEsMiVoz

¡Quería desaparecer e irme a vivir a **SATURNO**, donde nadie me conociese por mi pedo viral en Instagram!

Estaba tan roja por la vergüenza que las mejillas me ardían. Por suerte, **WILL** ha venido corriendo a ayudarme a bajar de la mesa, **ISABELLA** me ha prestado su camisa para taparme y **VALENTINA**, una chica que resulta que es una modelo argentina experta en moda y complementos, ha empezado a coserme el pantalón con un kit de costura que ha sacado de su bolso.

Para distraer al resto de la gente, **FÉLIX** y **SIMÓN**, dos gemelos que ni siquiera había visto, han empezado a hacer **ACROBACIAS** en medio de la sala.

Después me han contado que ¡son gimnastas olímpicos y han ganado muchas medallas! Ha sido tan **IMPRESIONANTE** que la gente no podía dejar de mirarlos mientras aplaudían, de modo que han conseguido que la atención se desviase de mi **FAIL**.

Así que aquí estoy, con el pantalón remendado, una nueva amiga llamada **VALENTINA**, un vídeo en Instagram con mi culo al aire moviéndose al son de mi pedo, del que a estas alturas se estará riendo **TODO EL MUNDO**, y con ganas de que se termine la fiesta y nos indiquen cuáles son nuestras **HABITACIONES**.

Eso sí, *cuties*, mis nuevos amigos me han pedido perdón por reírse. Dicen que no lo han podido evitar, pero que **LO SIENTEN MUCHO**. Yo creo que a mí me habría pasado lo mismo... Es imposible no reírse cuando a alguien se le escapa un pedo. **¿A VOSOTROS TAMBIÉN OS DA LA RISA?**

- [x] Sí, no lo puedo evitar aunque el pedo sea mío.
- [ ] No, no soporto el olor y me voy corriendo.

Una noche movidita

Cuties, ya estoy mejor, no os preocupéis.

Me ha sentado fatal lo que me han hecho antes las trillizas, pero ahora, en mi nueva habitación, estoy **SUPER-CONTENTA**.

No solo porque me ha tocado compartir habitación con **VALENTINA** e **ISABELLA**, sino porque también está Selena, una chica tailandesa. Bueno, ella es tailandesa pero su padre es español, así que nos entendemos perfectamente.

¡Menos mal, porque **DE TAILANDÉS NO TENGO NI IDEA**! También nos ha explicado que es **BUDISTA** y ha sacado algunas cosas de su maleta para formar un pequeño altar para rezar.

Ojos un poco rasgados, ¡es guapísima!
Pelo tan liso que no necesita planchas
Siempre lleva un pequeño bolso. ¿Qué guardará ahí?

Del bolsito que siempre lleva puesto ha sacado unas cuantas **PIEZAS DE FRUTA Y GALLETAS** que ha traído del comedor y unas flores que ha cogido del jardín. Pero ¡no era comida para ella! Lo ha puesto todo encima de una mesita que ha preparado para **BUDA**.

ZZZ ZZZ ZZZ ZZZ ZZZ

¿Queréis saber dónde duermo? **¡ME HA TOCADO LA LITERA DE ARRIBA!** Debajo de mí está **VALENTINA** y en la litera de enfrente, abajo, **SELENA** y arriba, **ISABELLA**.

Además, hay un baño enorme para compartir, pero **VALENTINA** ha traído tantas cosas que **¡CASI NO NOS HA DEJADO SITIO!**

- *Cremas de todo tipo ¡hay una de baba de caracol!*
- *Mascarillas que no sabía ni que existían.*
- *Sérum para el pelo hecho a base de almendras. ¿También será comestible?*
- *Lazos, horquillas, gomas y diademas.*
- *Varios tipos de champú: ¡hay uno que huele a cupcake de fresa!*

PERO ¿PARA QUÉ QUIERE TANTAS COSAS? Si ya es guapa tal como está. Y muy guapa, por cierto. No me extraña que sea portada de tantas **REVISTAS**.

Ahora os dejo, *cuties*, estoy agotada y nos vamos a dormir. **¡HASTA MAÑANA!**

ZZZ ZZZ ZZZ ZZZ ZZZ

¿Recordáis que os he dicho que me iba a dormir? **¡PUES NO!** Os cuento lo que ha ocurrido.

Resulta que cuando ya estábamos todas en pijama, a punto de meternos en la cama, **ISABELLA** ha oído un ruido. El resto no hemos oído nada, pero ella tiene el **OÍDO SUPERDESARROLLADO** gracias a la música.

Estábamos todas en pijama y Valentina ha cogido una manta para cubrirse porque es **SUPERFRIOLERA**, pero eso no ha impedido que saliésemos de la habitación. Sin embargo, no hemos visto **NADA**. Estaba muy oscuro y todas queríamos volver a la habitación a dormir menos Isabella, que insistía en que se oían unos ruidos, como unos quejidos. Según ella, venían del fondo del pasillo. **¿CÓMO PODÍA OÍRLO?** *Cuties*, **OS JURO QUE NO SE OÍA NADA.**

Pero Isabella nos ha convencido y hemos decidido ir a explorar. Reconozco que yo tenía **UN POCO DE MIEDO**, pero no tanto como Valentina, que ¡estaba **TEMBLANDO!** Y no precisamente de frío. Así que nos hemos cogido todas de la mano y hemos ido en fila hasta el final del pasillo, donde había una puerta.

Allí sí que oímos unos **RUIDOS RAROS**: parecían lloriqueos, arañazos, pasos... ¡Y venían del otro lado de la puerta! Nos hemos quedado paralizadas mirándonos unas a otras... ¿Y si tenían a alguien escondido ahí? ¿Y si era el sitio donde castigaban a los niños que se portaban mal? ¿Y si era el **PAYASO DE ESA PELI DE MIEDO**?

ISABELLA ES LA MÁS VALIENTE de todas porque sin preguntar nada ha abierto la puerta de golpe. Estaba **MUY OSCURO** y no se podía ver lo que había dentro.

El suelo estaba **MUY FRÍO**, lo sé porque todas íbamos descalzas, y los gemidos se oían cada vez más cerca. No parecían humanos y se oía más de uno. El miedo ha comenzado a apoderarse de nosotras.

¿QUÉ HABRÍA EN ESE SÓTANO? ¿MONSTRUOS? ¿RATAS GIGANTES? ¿PAYASOS DIABÓLICOS?

Y, de repente, **ALGO** o **ALGUIEN** ha empezado a chuparme los pies.

¡¡¡AAARRRGGGHHH!!!

Creo que nuestros gritos se han oído hasta en Neptuno. En ese momento sí que estaba claro: ¡teníamos que volver a la habitación **CORRIENDO**!

Pero justo cuando dábamos media vuelta para regresar... **¡ALGO ME HA AGARRADO LA PIERNA!** Me he girado tan rápido y he tirado tan fuerte de mi pierna que he chocado con la pared y he apretado sin querer el interruptor de la luz. **¿POR QUÉ NO SE NOS HABRÍA OCURRIDO BUSCAR LA LUZ ANTES?**

Y lo que hemos visto nos ha dejado con la boca abierta. Pero con la boca abierta de felicidad.

NO ERA NINGUNA FAMILIA DE FANTASMAS... NI NINGÚN GRUPO DE MONSTRUOS CHUPAPIÉS. ¡ERA UN GRUPO DE CACHORROS!

Y no unos cachorros cualesquiera, sino **¡LOS PERRITOS MÁS MONOS DEL MUNDO MUNDIAL!**

Estaban juntitos en una esquina lloriqueando de frío o de miedo. Creo que tenían hambre, porque uno de ellos ha decidido ir a lamer mi pie (¡tal vez ha pensado que era un trozo de queso delicioso!).

Lo peor de todo es que estaban solos... **NO HABÍA NI RASTRO DE SU MAMI.**

Yo me he acordado enseguida de **HUGO** porque le encantan los perritos. ¡Ojalá estuvieran aquí mis hermanos!

Solo había pasado un día y ya les echaba de menos... **¿ME ECHARÍAN DE MENOS ELLOS A MÍ?**

Bueno, el caso es que hemos decidido llevarnos los cachorros a la habitación.

Los hemos envuelto en la manta de **VALENTINA** y hemos emprendido sigilosamente el camino de vuelta, con la intención de darles algo de comer e ir a buscar a la madre al día siguiente.

PEEERO hemos tenido tan mala suerte que, mientras volvíamos por el pasillo, nos hemos encontrado a...

¡LAS TRILLIZAS!

¿DÓNDE VAIS A MEDIA NOCHE? ¿QUÉ LLEVÁIS AHÍ ESCONDIDO?

No sabíamos qué hacer.

¿QUÉ HABRÍAIS HECHO VOSOTROS, *cuties*?

- ☐ Echar a correr.
- ☐ Decirles que no es de su incumbencia.
- ☐ Otra idea: ___________________________

Tengo la mejor peor suerte del mundo

A nosotras no se nos ha ocurrido otra cosa que echar a correr por el pasillo para no dar explicaciones. **PEEERO** no nos hemos librado tan fácilmente de ellas: **SELENA SE HA TROPEZADO**, se ha caído y sin querer ha tirado de la manta que llevaba Valentina... ¡y **TOOODOS** los cachorros han empezado a correr por el pasillo!

- ☑ El lado positivo: los cachorros han corrido en dirección contraria a las trillizas.
- ☒ El lado negativo: todos los cachorros menos uno, que se ha ido directo a sus brazos.

Con tanto el jaleo, el resto de los niños ha salido al pasillo para ver qué ocurría. ¡Y todos han visto a los cachorros!

Pero nosotras no podíamos dejar que se perdieran o alguien los cogiera, ¡y mucho menos permitir que cayeran en manos de las **TRIDIVAS**! **¡ESO SÍ QUE NO!** ¿Cómo íbamos a dejar en sus malvadas manos a cualquiera de los cachorritos? Además, seguro que les pondrían tutús, los maquillarían y les enseñarían a estar de pie para hacerles fotos y subirlas a Instagram. **¡Y HASTA LES ENSEÑARÍAN A BAILAR BALLET PARA HACERLOS FAMOSOS!**

NO, NO Y NO, ¡ESO NUNCA!

Mientras Isabella, Valentina y Selena corrían a por los cachorros, yo me he lanzado hacia las trillizas como un portero de fútbol se lanza a por el balón en el penalti decisivo de una final. He cogido tanto impulso que me he deslizado por el pasillo como si fuera víctima del **AQUAPLANING** y he cogido al cachorro mientras gritaba: **«¡¡¡NUNCAAAA!!!»**.

Pero... **¡HE CHOCADO CON UNA DE LAS TRILLIZAS!** April ha caído hacia atrás sobre sus hermanas, que también han caído como si fueran los bolos de una bolera... y han terminado las tres despatarradas en el suelo.

Pero eso no ha sido **LO PEOR**: el resto de los niños que estaban detrás de ellas también han caído, como esas **FICHAS DE DOMINÓ** que están colocadas en hilera y que tras un pequeño empujoncito a la ficha inicial caen en cadena. Salvo que en este caso no había orden: había caos, **¡Y PERROS DE POR MEDIO!**

En un momento todo el pasillo estaba lleno de niños tirados por el suelo mirándome con mala cara. Yo ya tenía al cachorro, y mis amigas al resto, así que he gritado: **«¡PERDÓÓÓN!»**, hemos corrido hacia la habitación y hemos cerrado la puerta de golpe.

Cuties, me parece que la he liado otra vez. Ahora todos saben que escondemos unos cachorros en la habitación... Y no solo eso, sino que seguramente me odian por haberlos tirado al suelo. No me importa lo que piensen las trillizas, pero también estaba Will, que se hallaba justo detrás de June y se ha llevado la peor parte. No puedo olvidar su cara de susto cuando le han caído las trillizas encima. **¡TENGO LA PEOR SUERTE DEL MUNDO!**

Por suerte, mis amigas me han consolado. Selena incluso me ha dicho que no llorase, porque en realidad habíamos tenido **MUCHA SUERTE**:

★ *Por suerte los cachorros están a salvo de las trillizas. No solo hemos impedido que los cojan, sino que los hemos encontrado antes que ellas gracias al oído superfino de Isabella.*

★ *Por suerte tenemos galletas en la habitación para darles de comer: seguro que a Buda no le importa porque es por una buena causa.*

Y Valentina ha añadido que:

★ *Por suerte no compartimos habitación con las trillizas. ¿Os imagináis que nos hubiera tocado dormir con ellas? Seguro que nos harían fotos o vídeos roncando para postearlo y reírse.*

★ *Por suerte somos* **SUPERAMIGAS** *y ¡nada podrá con nosotras si estamos unidas!*

¡Tienen razón! Tenemos **MUCHA SUERTE** de estar juntas y haber salvado a los cachorros. ¿Cómo no me he dado cuenta antes? A veces, solo vemos lo **MALO** y las lágrimas no nos dejan ver todo lo **BUENO** que tenemos... ¡que es **MUCHO**!

Así que nos hemos dado un **GRAN ABRAZO** y otro a los cachorros que, por cierto, ¡son **SUPERCUTE**! Son **TAAAN** monos... Son **SEIS** y son **PRECIOSOS**: blancos con manchas negras o negros con manchas blancas, no lo sé. Me pasa lo mismo con las cebras, que no sé si son blancas con rayas negras o negras con rayas blancas. **¿VOSOTROS QUÉ CREÉIS, CUTIES?**

- ☐ Las cebras son blancas con rayas negras.
- ☐ Las cebras son negras con rayas blancas.
- ☐ En realidad son burros y alguien los ha pintado así.

Les he hecho un montón de fotos con mi móvil para enseñárselas a todos cuando vuelva a casa. Se parecen mucho entre ellos, pero cada perrito tiene algo diferente. Así que para no liarnos, hemos decidido que es **SUPERIMPRESCINDIBLE** una cosa: ¡ponerles nombre!

Cada una ha dicho sus nombres de perro favoritos: **LUCKY, PERLA, BONY, STAR, RINGO, HUESITOS, GARRITAS, MANCHITAS, BROWNIE...**

Pero no nos ponemos de acuerdo; además, no sabemos cuáles son macho y cuáles hembra porque son muy pequeñitos y apenas se ve. Así que tienen que ser nombres **UNISEX**.

¿QUÉ NOMBRES LES PONDRÍAIS VOSOTROS, CUTIES?

1. ____________________
2. ____________________
3. ____________________
4. ____________________
5. ____________________
6. ____________________

Al final hemos decidido que los nombres tienen que estar relacionados, ¡que para eso son hermanos! Parecen tan unidos como nosotras y... ¿qué es lo que nos une a todos en esta convivencia y nos une al resto de la gente aunque no la conozcamos en persona? Exacto, **¡LAS REDES SOCIALES!**

Así que se nos han ocurrido estos nombres. **¿QUÉ OS PARECEN?**

TUBBY (de YouTube): ¡no para quieto! Haría unos VLOGS muy TOP

TWITCHY (de Twitch): es tan juguetón que podría ser GAMER

IGGY (de Instagram): es HIPERFOTOGÉNICO, ¡y creo que sabe posar!

SNAPPY (de Snapchat): tiene TODO EL RATO la lengua fuera... ¡como si fuese el filtro!

TIKKY (de TikTok): tiene una coreografía favorita: ¡perseguirse la cola!

BOOKY (de Facebook): ¡no para de hablar! Bueno, de ladrar

Seguro que a mi madre se le ocurrirían un montón de vídeos para hacer con ellos...

¡OMG!

¡¡¡MI MADRE!!!

He olvidado por completo escribirle. ¡Oh, no, mi móvil está **LLENÍSIMO** de **WHATSAPPS** suyos!:

Hola! Qué tal el primer día?

Qué has comido?

Tienes muchos amigos?

Te estás divirtiendo?

Te echo mucho de menos

Hola??

Hija, estás bien?

Daniela??

Me estás preocupando!

Mañana sin falta le contesto. Ahora estoy **TAAAN** cansada que parece que mis párpados tengan **PESAS XXL**. Se me cierran los ojos sin poder remediarlo...

Caos en la habitación...

Cuties, nos acaban de despertar por megafonía. **¡CASI ME MUERO DEL SUSTO!**

¡BUENOS DÍAS!
¡TODOS EN EL COMEDOR EN MEDIA HORA PARA DESAYUNAR!

Justo después del aviso he empezado a reírme como una loca y todas me han mirado extrañadas preguntando qué me hacía tanta gracia, sobre todo cuando **¡SOLO TENÍAMOS TREINTA MINUTOS PARA DUCHARNOS Y PREPARARNOS!** Pero no era eso, sino que **TUBBY** me estaba lamiendo los pies y no podía aguantar la risa. **¡ME HACÍA MUCHAS COSQUILLAS!** Durante la noche se ha subido a mi cama para dormir conmigo (bueno, confieso que lo subí yo) y enseguida ha empezado a roncar. Pero sus ronquidos eran **SUPERHIPERMEGAADORABLES**, no como los de Hugo, que hacen temblar las paredes.

Pero mis amigas tienen razón, tenemos solo media hora para estar listas y salir de la habitación, así que no hay tiempo que perder. Necesitamos un plan.

PLAN PARA GANAR TIEMPO:

★ *Valentina se duchará primero. Mientras tanto, Isabella y yo haremos las camas y Selena dará el desayuno a los cachorros.* **IMPORTANTE**: *tenemos que coger más comida del comedor. ¡Comen mucho!*

★ *Cuando Valentina salga del baño, entraré yo a ducharme, mientras Selena se postra ante Buda y repite los mantras y Valentina se viste. Entonces Isabella preparará a los perritos para sacarlos de paseo. ¡Hemos decidido usar los cinturones de los albornoces del baño como correas de paseo!*

★ *Cuando yo salga de la ducha, entrará Selena. Mientras tanto, Valentina sacará a los perritos de paseo e Isabella recogerá un poco la habitación.*

★ *Cuando Selena salga del baño, entrará por fin Isabella a ducharse. Mientras Selena se viste, Valentina se hará unas selfis para su Instagram y yo aprovecharé para escribir a mi madre diciéndole que estoy bien.* **SUPERBIÉN**.

Es un **PLAN PERFECTO**, incluso nos sobra tiempo para las fotos y los mensajes. Pero... **¡NOS HA COSTADO QUINCE MINUTOS HACERLO!** Así que ahora solo nos quedan quince más para llevarlo a cabo. No hay tiempo para cambiar el plan, así que Valentina ya entra corriendo en el baño, **ISABELLA** y yo vamos a hacer las camas y **SELENA** va a dar de comer a los perritos.

¡ESTE ES NUESTRO DÍA!

¿Recordáis que antes os he dicho que teníamos **UN PLAN PERFECTO?** Pues ha resultado ser perfecto solo como plan, porque en la realidad **NADA** ha salido como habíamos planeado. **¿POR QUÉ?**

MUY SENCILLO:

★ *Hacer las camas de las literas de arriba no es nada fácil, así que después de intentarlo un buen rato, nos hemos tenido que conformar con estirar un poco las sábanas.*

★ *A Selena se le ha olvidado dar el desayuno a los cachorros y se ha puesto directamente a repetir mantras, ya que está acostumbrada a hacerlo nada más levantarse. Así que uno de ellos, Twitchy, ha decidido comerse las velas de su altar. ¡Casi le da un patatús! A Selena, digo, no a Twitchy.*

★ *Otro de los perros, Iggy, ha cogido la crema de noche de Valentina, que estaba al lado de su cama, y ha metido el morro, las patas, la cola y creo que todo lo demás dentro ¡porque ha terminado absolutamente blanco! Y lo peor no es eso, sino que el resto de los perritos lo lamían pensando que era comida.*

★ Los albornoces estaban en el baño y Valentina estaba duchándose, así que Isabella no ha podido coger los cinturones para hacer las correas de paseo. Y sin atar no los podíamos sacar, por si se escapaban...

★ Como los perritos no podían salir, han decidido hacer caca y pipí todos a la vez **¡EN MEDIO DE LA HABITACIÓN!**

★ Cuando Valentina **POR FIN** ha salido del baño, ha pisado un charco de pipí (no sé de qué perro), ha resbalado y se ha caído encima, ¡así que ha tenido que volver a entrar a ducharse!

★ Olvidamos coger toallas del baño para limpiar a los perros y el suelo, así que hemos tenido que usar la manta de Valentina.

★ Justo cuando Valentina salía de nuevo del baño, han anunciado por megafonía que se había terminado el tiempo y que nos querían a todos en el comedor en menos de un minuto.

Así que este era el panorama un minuto antes de irnos:

Cuties, **¿PUEDE HABER UNA MANERA PEOR DE EMPEZAR EL DÍA?** Nos hemos vestido a todo correr, sin ducharnos ni nada. Con las prisas, **ISABELLA SE HA PUESTO LA CAMISETA DEL REVÉS**, yo me he puesto un calcetín **DE CADA COLOR** y Selena se ha hecho **LOS MOÑOS TORCIDOS**. Todas estábamos hechas un desastre... ¡menos Valentina! Ella estaba **PERFECTA**. Además, como todo le queda bien porque tiene la **MODA INCORPORADA EN SU ADN**, da igual que se lo ponga del derecho **¡O DEL REVÉS!**

Hemos salido corriendo para ir hasta el comedor, pero nos ha dado **MUCHÍSIMA** pena despedirnos de los cachorros. Selena ha dicho que las ofrendas del altar los protegerían. Pero después del desastre de esta mañana tengo dos cosas **SUPERCLARAS**:

- [x] Hay que organizarse las mañanas mejor.
- [x] Tenemos que encontrar a la mamá o a los dueños de los perros.

Pero hasta entonces, tendrán a sus **SUPERMAMÁS HUMANAS: ISABELLA, SELENA, VALENTINA... ¡Y YO!**

Desayuno accidentado

¿A que no adivináis quiénes han llegado al comedor **IMPECABLES**? Correcto: **LAS TRILLIZAS**. Llevan el pelo perfecto, las uñas estupendas, la ropa planchada, los zapatos limpios... ¿Cómo es posible? ¿En solo media hora? Seguro que se ponen el despertador dos horas antes para arreglarse. O peor aún: **¡NO DUERMEN PARA NO DESPEINARSE!**

Pero esto no es lo que os quería contar. Si os cuento cómo ha terminado el desayuno... **¡NO OS LO VAIS A CREER!** Así que mejor será comenzar por el principio.

Cuando hemos entrado, aparte de ver a las trillizas vestidas como si fuesen **TOP MODELS**, hemos visto que había una mesa enorme llena de comida y bebida. **PEEERO** los alimentos estaban sin cocinar. Ya nos lo advirtió la directora, pero con todo lo que ha pasado desde entonces yo me había olvidado **COMPLETAMENTE**. De todas maneras, Isabella, Valentina, Selena y yo hemos pensado que sería **SUPERDIVERTIDO** y una oportunidad perfecta para preparar platos de diferentes países. **¡HABÍA INGREDIENTES DE TODO TIPO!**

Pero ya os imagináis quién ha empezado a quejarse, ¿no? **LAS TRICREÍDAS** (en realidad no solo son **DIVAS**, sino que sobre todo son **CREÍDAS**). Y han empezado: que si ellas no van a cocinar porque se les estropea el esmalte de uñas, que si lo llegan a saber no vienen, que solo faltaría que también tuvieran que limpiar después del desayuno...

Así que se han sentado en una esquina para limarse las uñas mientras todos nos disponíamos a cocinar. Estábamos nosotras, **NICO** y **WILL** (que se unió al grupo disimuladamente). **¡AH!** Y luego se han unido **FÉLIX** y **SIMÓN**, los dos chicos argentinos que hicieron acrobacias en la fiesta de ayer. **ERA UN GRUPO TOP**, así que no necesitábamos a las trillizas **PARA NADA**.

Pero todo se ha complicado cuando hemos visto que las trillizas se habían llevado mucha comida a su rincón, sin compartirla con nadie, y encima de la mesa solo quedaban huevos, mantequilla, atún, chocolate, cacao, harina, leche, lechuga... **¿QUÉ ÍBAMOS A COCINAR CON ESO?** A mí personalmente no me gusta el huevo con cacao ¡y eso que me gustan las mezclas raras! Estábamos **BLOQUEADOS**: no se nos ocurría qué comer, y todo por culpa de las de siempre.

Cuties, ¿qué habríais cocinado vosotros con esos ingredientes? **¡PONEDLO EN LOS COMENTARIOS!**

Estábamos a punto de rendirnos cuando hemos oído a alguien que decía que nos podía ayudar. ¿Quién era? Me he vuelto, he visto a la chica y la he reconocido:

ERA CAMILA,
¡DEL CANAL YOUTUBE
DE COCINA CHOCOCAM!

Su canal es de mis favoritos, hace las recetas más **AMAZING** y tiene **MUCHÍSIMOS** seguidores en todo el mundo.

Cuando la he visto, ¡no me lo podía creer! Le he dado un abrazo y me he sentido como si hubiera conocido a la mismísima **LADY GAGA**.

¿Y sabéis lo mejor? **¡ELLA ME HA DICHO QUE ESTABA SUSCRITA A MI CANAL!**

Después del abrazo **SUPERFUERTE** le he preguntado qué podíamos cocinar con los ingredientes que teníamos.

¡En un abrir y cerrar de ojos teníamos unas tortillas de atún, ensalada y, de postre, pastel de chocolate!

Y eso no es lo mejor. Lo mejor es que estaba **DELICIOSO**.

Todo ha sido perfecto hasta el postre. No porque estuviese malo, porque Camila es especialista en repostería, sino porque... ni siquiera hemos podido probarlo.

¿POR QUÉ?

Bueno, pues porque yo estaba repartiendo el pastel... y me he tropezado. Con tan mala suerte que el pastel no se ha caído al suelo, sino encima de alguien. **¿ENCIMA DE QUIÉN?** Encima de **CAMILA**.

Cuando me he dado cuenta, ¡la pobre parecía una montaña de barro con ojos!

Todo el mundo se ha quedado en silencio y, de repente, hemos oído unas risas acompañadas de unos **CLICS** de móvil.

ERAN LAS TRILLIZAS: ¡le habían sacado una foto a Camila cubierta de chocolate y la estaban subiendo a Instagram!

TriDivas

Hay quien nace con glamour y hay quien nace cocinera
#CamilaCocinera #LaChocoBola #ComiendoPorLasOrejas

—**¡NO SUBÁIS ESTA FOTO!** —les he pedido.

—¿Ah, no? ¿A cambio de qué? —han replicado a la vez.

—**¡A CAMBIO DE NADA!** No está bien reírse de otras personas.

—¡Pues mira cómo nos reímos de ti! —me han dicho riéndose de nuevo a carcajadas.

¡NI QUE LES HUBIESE CONTADO UN CHISTE! Que a ver, mis chistes son muy buenos: mami, Mateo y Hugo siempre se tronchan, y si está papi por ahí, también.

Hugo una vez riéndose dijo **«¡ME MEO!»** y se meó de verdad... ¡mientras estábamos grabando!

Eso no le hizo tanta gracia y nos hizo prometer que el vídeo nunca saldría a la luz **(AUNQUE YO LO TENGO GUARDADO POR SI ALGUNA VEZ NECESITO VENGARME DE ÉL)**.

Así que las trillizas no han borrado la foto... y yo me siento **FATAL**. Todos hemos ayudado a Camila a limpiarse y yo le he pedido perdón, aunque ella me ha dicho que no importaba.

Pero **SÍ IMPORTA**: ahora todo el mundo se está riendo de ella en Instagram, haciendo memes y comentarios con burlas.

Cuties, **¡ESTO ES MUY INJUSTO!** ¿Es que acaso las trillizas no tienen nada mejor que hacer que meterse con **TODO EL MUNDO**?

Si estuviera aquí mi madre no me quiero ni imaginar cómo se pondría...

OH, MY GOD!!!

Con el lío de esta mañana tampoco he podido escribirle... **QUE NO SE ME OLVIDE HACERLO LUEGO.**

La mala noticia (malísima)

Hemos intentado no pensar en las trillizas ni mirar Instagram para seguir comiendo.

Queríamos aprovechar el desayuno para **PEDIR DISCULPAS** a todos por el lío con los cachorros, aunque a mí sobre todo me preocupaba que me perdonase **WILL**...

Pero Will no estaba y cuando me he dado la vuelta para buscarlo (vale, lo admito: me gusta **UN POQUITITO** o **UN POQUITITO MUCHO**... pero ¡también me gusta **KEVIN**!), he visto que estaba con **MAY** haciéndose una foto.

¡QUÉ RABIA!

Como estaban muy cerca he oído toda la conversación.

ERES MUY GUAPO, LO SABES, ¿NO?
¡QUÉ VA! EXAGERAS...
VEO TODAS TUS PELÍCULAS, ¡SOY TU FAN! HARÍAMOS BUENA PAREJA...
ESTO... ¡ME TENGO QUE IR!

¿A MAY LE GUSTA WILL? ¡No puede ser!

PERO ¡SI NO PEGAN NI CON COLA! Will pega con... **¡CONMIGO!**

Por suerte Will se ha ido de allí pitando y ha venido hacia nosotros para seguir desayunando. Justo en ese momento, la directora ha empezado a hablar por megafonía y todo el mundo se ha callado:

—**BUENOS DÍAS, NIÑOS. ME TEMO QUE NO EMPEZAMOS LA MAÑANA CON UNA BUENA NOTICIA.**

Todos nos hemos mirado preocupados, sin saber lo que había pasado.

—Hemos encontrado en los alrededores del edificio el cuerpo sin vida de una **PERRITA ABANDONADA**, con signos de haber dado a luz recientemente. Todo parece indicar que han sido unos cazadores furtivos, que la han debido de confundir con un zorro. Lo lamentamos muchísimo y estamos iniciando las acciones oportunas para asegurarnos de vetar la caza en los alrededores.

¡¡¡OH, NO!!!

¡LA MAMÁ DE LOS CACHORROS!

Cuties, era la peor noticia del mundo. No me lo podía creer. **¿QUÉ ÍBAMOS A HACER AHORA?**

Will ha venido hacia nosotras (bueno, **HACIA MÍ**) para animarnos. Y ha dicho algo **MUY INTELIGENTE**: que entre todos podíamos encontrar a alguien que los **ADOPTARA**.

¡TIENE RAZÓN! Está claro que no los podemos seguir teniendo en la **HABITACIÓN ENCERRADOS**, sobre todo después del desastre de esta mañana...

El momento de pedir ayuda era ese, aprovechando que estaba todo el mundo en el comedor. Pero después de escuchar el aviso por megafonía, todos han vuelto a lo suyo y había un alboroto **IMPRESIONANTE**:

★ Las trillizas estaban haciendo tiktoks con la música a todo volumen.

★ Dos niños estaban peleándose por el último plátano.

★ Otro niño estaba escondiéndose toda la comida que podía en los bolsillos de la sudadera, pero cada vez que se metía algo, se le caía otra cosa.

★ Un grupo de niñas estaba cantando una canción de Shakira.

¿Cómo íbamos a llamar la atención del resto de los niños con semejante jaleo? ¿Qué habríais hecho vosotros, **cuties**?

- ☐ Gritar SUPERFUERTE.
- ☐ Dar golpes en la mesa.
- ☐ Otra idea: ______________________

A mí se me han ocurrido algunas maneras de llamar la atención:

★ *La clásica: hacer saltar la alarma de incendios y gritar «¡Fuego!, ¡fuego!» como una loca. Aunque saldrían todos corriendo y entonces no tendría a nadie para ayudarme con el plan.*

★ *La sofisticada: coger un vaso o copa de cristal y dar pequeños toquecitos con una cuchara o un tenedor. Después de esto suele decirse: «Me gustaría decir unas palabras». Pero con tanto ruido creo que no me oirían ni aunque rompiera el vaso o la copa.*

★ *La dramática (también llamada popularmente «el desmayo»): Consiste básicamente en fingir un desmayo: te llevas el dorso de la mano a la frente, pones los ojos en blanco y haces como que te caes. Queda mejor si te caes de verdad, pero duele. Pero seguro que Nico me cogería en brazos, me llevaría corriendo a la enfermería y fin del plan.*

★ *La radical: esta es la forma más extrema de llamar la atención. Hay que gritar, romper algo o hacer una pataleta. Pero no es mi estilo y esto mejor que no lo hagáis* **NEVER, cuties***. Y menos con vuestros padres. Suelen enfadarse un poquito, o un poquito mucho.*

El caso es que antes de que pudiera decidir qué hacer para captar la atención del resto, lo ha hecho Camila por mí:

—**¿QUIÉN QUIERE CREPES? ¡ESTÁN RECIÉN HECHAS!**

Ni siquiera lo ha dicho muy alto, y ni siquiera ha hecho falta que fuera verdad, porque todos se han vuelto **AL INSTANTE** con los **OJOS ABIERTOS COMO PLATOS Y BABEANDO**. Incluso las trillizas se han acercado hasta nuestra mesa para ver si podían comer una.

Así que ahí, justo cuando todos nos rodeaban, he entendido que **ESE** era **NUESTRO MOMENTO**.

La idea (buenísima)

Y esto ha sido lo que ha pasado a continuación, **cuties**:

—**¡ATENCIÓN!** —he dicho y todos se han dado la vuelta para mirarme. ¡Qué vergüenza!—. Tenemos que pediros ayuda para una cosa...

—Sí, es **MUY IMPORTANTE** —ha convenido Camila.

—Antes de nada queríamos pediros disculpas por el lío de ayer —ha apuntado Valentina.

—Sí, ¡claro! Pues **YO ME ROMPÍ UNA UÑA**, ¡a ver cómo vais a arreglar eso con una disculpa, petardas! —ha protestado June.

Yo he decidido continuar sin hacerle mucho caso, porque ya intuía que no nos lo iban a poner fácil.

—Como sabéis, ayer encontramos unos cachorritos, y esta mañana su madre ha aparecido muerta. No tienen dueño, así que sería genial que entre todos pudiéramos encontrar a **ALGUIEN QUE LOS ADOPTE Y LOS CUIDE.**

—**PERO ¿CÓMO LO HACEMOS?** —ha preguntado Will.

Entonces yo he tenido una **IDEA GENIAL**. No porque fuera mía, sino porque era genial **DE VERDAD VERDADERA**. Hasta Nico ha dicho que era una idea buenísima.

—Tenemos una gran ventaja, y es que todos somos muy conocidos y tenemos gran influencia en las redes sociales. **¡PODEMOS HACER LLEGAR FOTOS DE LOS CACHORROS A MUCHA GENTE!** Son tan adorables que seguro que enseguida les encontramos dueño. **¿OS APUNTÁIS?**

—**¡SÍÍÍ!** —han gritado todos al unísono.

—¿Usar nuestra influencia para encontrar dueño para vuestros chuchos? Pero ¿por qué os creéis tan importantes? ¡No contéis con nosotras! —ha dicho April.

Las TriDivas se han ido con su hermano Julio (que siempre las sigue a todas partes) sin decir nada más. Pero no importaba: ¡teníamos un **DREAM TEAM** para encontrar un hogar a los cachorros! Todos los niños nos han pedido **FOTOS DE LOS PERRITOS** para poder subirlas a Instagram.

Justo cuando íbamos a postearlas en todas nuestras redes sociales, nos ha surgido una **DUDA**:

¿Y si aparecía gente que solo quería quedarse un perro o dos? **¡NO PODEMOS SEPARAR A LOS HERMANOS!** ¿Os imagináis que os separaran de vuestros hermanos? Yo me muero si no vuelvo a ver a **MATEO** o a **HUGO**, o si simplemente viviera en una casa diferente y no les viera cada día.

¡Mi vida sin mis hermanos sería un **ABURRIMIENTO**!

- No tendría con quién discutir en casa.
- No tendría de quién defender mi comida.
- No tendría de quién quejarme a mi madre.
- No tendría a quién robar chuches.
- No tendría con quién hacer planes por la noche... ni en fin de semana... ni después de clase...

¡NO LO PERMITIREMOS! Si alguien quiere adoptarlos, tiene que ser a todos juntos. Es más difícil, pero **¡NO IMPOSIBLE!**

Ladypecas

Estos seis perritos huérfanos buscan dueño. Puedes ser tú! Son adorables y superCUTE. Interesados comentar en esta foto. IMPRESCINDIBLE adoptarlos todos juntos. #EstosPerritosTeNecesitan #Adóptalos #SeremosFelicesJuntos

Así ha quedado mi post, *cuties*, **¿QUÉ OS PARECE? ¿CONSEGUIREMOS DUEÑO PARA ELLOS?**

- ☐ Seguro que sí, ¡son preciosos!
- ☐ ¡Uf! Es muy difícil que alguien adopte a los seis juntos.
- ☐ ¿Por qué no convences a tu madre y te los llevas a casa, Daniela?

Cuties, si habéis marcado la tercera opción, ya os digo que es **IMPOSIBLE** no, **¡LO SIGUIENTE!**

Mi madre no quiere perros en casa porque ya tenemos a **MAX** y a **CHARLIE**, nuestros gatitos, y nuestra casa parecería un **ZOO**. ¡Así que deseadnos suerte para encontrarles un **DUEÑO PRONTO**!

Os dejo porque justo nos acaban de llamar por megafonía de nuevo. Dicen que hoy toca una clase de asistencia obligatoria de posturas y poses. ¡Con lo bien que se me dan a mí! Espero que me dejen enseñar al resto mis posturas y poses favoritas para mis fotos... **¡LUEGO OS LO CUENTO!**

¿Por qué son así?

Cuties, ¡no os lo vais a creer! **¡ESTOY MÁS QUE ENFADADA!**

Hemos ido a la clase de posturas y poses, que, aunque era **OBLIGATORIA**, las trillizas se han saltado. Seguro que se creían demasiado importantes con sus **CUATRO MILLONES DE FOLLOWERS** como para aprender algo sobre cómo posar para las fotos. **¡SE CREEN PERFECTAS!**

Sin embargo, al final la clase no era de posar en fotos, sino de **ERGONOMÍA** o algo así, que es cuando aprendes a hacer las cosas con la postura correcta para no hacerte daño (sentarte recto en la silla para comer, iluminar bien el escritorio para estudiar y cosas de ese tipo).

PERO AL GRANO.

Diva

Al salir de la clase, he encendido mi móvil para ver si alguien había respondido al anuncio de adopción de los perritos. **NADIE**.

No lo entendía, porque son los perritos más adorables del **MUNDO MUNDIAL**.

¿¿¿POR QUÉ NADIE HA RESPONDIDO???

He empezado a pensar que quizá es demasiado pronto, o que quizá seis son demasiados y tardaremos mucho en encontrar a alguien, pero... **JUSTO** en ese momento **VALENTINA** ha venido corriendo, que también había encendido su móvil para postear unas selfis en **INSTAGRAM** (por la mañana con el lío de la ducha no había podido subir nada, ¡y ella **NO SE SALTA NI UN DÍA DE PUBLICACIÓN!**).

VALENTINA HA VISTO UNA COSA QUE... BUENO, MEJOR OS LO ENSEÑO Y JUZGÁIS POR VOSOTROS MISMOS:

 TriDivas

Así dejarán tu habitación estos "adorables" perritos si los adoptas. CUIDADO! #PerrosDiabólicos #AdóptanosyVerás #ElQueAvisaNoEsTraidor

ali32_09 Jamás adoptaría a unos perros así
Believer_89 Voy a advertir a mis amigos, que creo que estaban interesados en adoptarlos
siguetussueños Lo mejor sería llevarlos a una perrera
Lopez7Pablo Quién estaría tan loco como para adoptarlos???

¡¡¡AAARRRGGGHHH!!! Estoy más furiosa que cuando Hugo se comió el último helado del congelador.

Esto no puede seguir así, no está bien, ¡y los cachorros no se merecen esto! **¡NO ES CULPA SUYA!**

Los pobres no han salido de paseo y no les hemos dado de comer.

LAS TRICREÍDAS SE HAN PASADO DE LA RAYA.

Seguro que han ido a nuestra habitación a buscar a los perros mientras estábamos en la clase (¡espero que aún sigan allí!) y cuando se han encontrado con el desastre, lo han aprovechado para hacer una foto y postearla.

¿ACASO NO TIENEN CORAZÓN?

Tenemos que actuar, ¡y hay que hacerlo rápido! Pero... **¿QUÉ PODEMOS HACER? ¿ALGUNA IDEA, *cuties*?**

- ☐ Hablar con las trillizas para que eliminen la foto, aunque el daño ya está hecho.
- ☐ Postear otras fotos donde se vea lo adorables que son.
- ☐ Otras ideas: ______________________________

¡Necesitamos un plan!

Mientras esperamos vuestros comentarios con ideas para un nuevo plan, aprovechamos que tenemos un rato libre para ir a limpiar **EL DESASTRE** de nuestra habitación.

Nico y Will se han ofrecido a ayudarnos, así que entre todos hemos dejado la habitación más limpia que el plato de mi hermano Mateo cuando hay macarrones. También hemos dado de comer a los perritos, **¡Y LES HA ENCANTADO LA TORTILLA QUE SOBRÓ DEL DESAYUNO!**

Iggy ha comido tanta que no ha podido evitar echarse una siesta en un colchón un poco particular. **¿CUÁL? ¡SU BOL!**

A Isabella le ha hecho tanta gracia que le ha hecho una foto y la ha posteado en su Instagram:

BellaISAbella

Bed&Breakfast
#EstosPerritosTeNecesitan #Adóptalos
#SeremosFelicesJuntos

¡Iggy se ha manchado tanto de tortilla que hemos tenido que bañarlo! Así que hemos aprovechado y los hemos metido a los seis en la bañera. Todo estaba controlado hasta que **TIKKY** ha tirado el **BOTE DE CHAMPÚ DENTRO DEL AGUA...** y en apenas diez segundos la espuma ha empezado a **CRECER**, a **CRECER** y a **CRECER**. Valentina ha intentado recuperar su champú (resulta que era uno especial para puntas abiertas) con **TAN MALA SUERTE** que se ha resbalado por culpa de la espuma y... ¡se ha caído dentro del agua! ¡Eso sí que es una mascarilla intensiva! Selena no ha podido evitar hacerle esta foto que luego Valentina ha posteado en su **TWITTER**:

Después de volver a limpiar todo **POR SEGUNDA VEZ**, hemos salido al jardín para que hicieran sus necesidades (ya hemos aprendido la lección después de esta mañana). Yo me he tumbado en la hierba para hacer un **TIKTOK** y ¿a que no adivináis quién se ha sumado al vídeo? **¡SÍ! LOS CACHORROS.** ¡Se movían perfectamente al ritmo de la música! Ha quedado genial y **LO HE POSTEADO EN MI PERFIL.**

Cuando hemos regresado a nuestra habitación Selena se ha arrodillado delante del altar de **BUDA** y los perritos se han puesto a su lado. Estaban **TAN CANSADOS** del TikTok que se han quedado fritos. **¡PARECÍA QUE ELLOS TAMBIÉN ESTABAN MEDITANDO!** Valentina les ha hecho una foto que luego Selena ha publicado:

ThaiGirl_Selena

Meditando para ser adoptados
#EstosPerritosTeNecesitan #Adóptalos
#SeremosFelicesJuntos

Todo eso estaba muy bien, pero... **¿Y EL PLAN?** Nos lo hemos pasado bomba, pero no se nos ha ocurrido nada para conseguir que los adoptaran después de lo que habían hecho las **TRICREÍDAS**. Pero como ya era la hora de comer, lo hemos dejado para más tarde.

Hemos bajado al comedor y **CAMILA** nos ha enseñado a preparar unos platos típicos de México que estaban riquísimos, aunque eran **UN POCO (DEMASIADO)** picantes. ¿Y ahora sabéis qué? **¡QUE TOCA PELI!** Por megafonía acaban de pedir que nos dirijamos a la sala de cine porque tienen una sorpresa para nosotros. **¡LUEGO OS LO CUENTO TODO!**

El peor mejor sitio del mundo

Cuties, ¿a que no adivináis qué peli nos han puesto? ***¡FROZEN!*** ¡Me encanta esa peli!

Me gusta sobre todo el reno, es **HIPERADORABLE**, con esa nariz y esos cuernos. ¡Me pasaría el día entero dándole zanahorias! Bueno, algunas me las comería yo, que me **SUPERENCANTAN**.

La sala de cine es enorme y **MEGACOOL**, con butacas rojas de terciopelo (no es que estuvieran hechas de un tercio de pelo, sino que eran más suaves ¡que el pelo de uno de los cachorritos! Espero que mis gatos no se enfaden mucho por estar pensando tanto en perritos últimamente).

¡Yo estaba **SUPERCONTENTA**! No solo porque íbamos a ver ***FROZEN***, sino porque además había máquina de

PALOMITAS DE COLORES y de batidos... ¡de ***FROZEN***! Si me tocara la lotería o Will o Kevin me dieran un beso, no sería tan feliz como con este menú. Bueno, con un beso sería más feliz, pero como eso no va a ocurrir (creo) y las palomitas y el batido están aquí mismo, pues soy feliz, **¡MUY FELIZ!**

Así que me he puesto en la cola de los batidos (he llegado la última porque antes de entrar he tenido que ir al baño), y había exactamente veintiuna personas delante de mí. Es decir, **TODOS** queríamos un batido azul lleno de hielo picado. Bueno, **CASI TODOS**, porque faltaban tres personas, que justo estaban entrando por la puerta maquilladas y vestidas de gala. Pero ¿dónde se creían que iban? Ni que fueran a recoger un premio por ser las instagramers más **CREÍDAS** del universo.

¡Llevaban unos taconazos más altos que las pajitas de los batidos y se tambaleaban al caminar! Son tan altos que deberían exigirles **UN CARNET COMO EL DE CONDUCIR** para llevarlos.

¡¿OS IMAGINÁIS QUE EXISTIERAN DE VERDAD?!

La policía pararía a las trillizas, les pediría el carnet para ir con tacones y ¡les pondría una multa por tambalearse!

Se me ha pasado por la cabeza grabar sus andares de pato mareado y postearlo, pero **NO SOY COMO ELLAS**.

Así que he hecho la cola, he conseguido mi batido y las palomitas, y no les he hecho caso.

Pero como era la última de la cola, también he sido la última en ir a sentarme y cuando he llegado ¡ya no quedaban asientos! Bueno, sí, quedaba **UN ASIENTO**. Adivinad **EN MEDIO DE QUIÉN**.

No, no era en medio de las trillizas. Eso sería **HORRIBLE** y preferiría no ver la película.

Esto era **MUCHO PEOR**. **MUCHÍSIMO PEOR**. No lo vais a adivinar porque de las veinticinco personas que éramos no había muchas probabilidades de que **JUSTO** quedara ese asiento libre. ¿Por qué no me habían guardado un sitio mis amigas?

Venga, os lo digo. Me he tenido que sentar en medio de... **¡WILL Y NICO!**

Ya era la tercera vez que me tocaba sentarme al lado del niño-pie en contra de mi voluntad, pero en esta ocasión al menos estaba también sentada al lado de Will. **¡AAAY!** ¡De aquí a casarnos y tener miles de hijos y perritos solo hay un paso! Si Nico no lo impide, claro...

Por un lado estaba **SUPEREMOCIONADA** y, por el otro, **SUPERPREOCUPADA** por si Nico se quitaba los zapatos, pasaba su mano por encima de mi hombro, o empezaba a hablar sin parar (esa es su especialidad). **¡QUÉ NERVIOS!** Me he sentado mientras los dos me miraban sonriendo y yo he decidido no apartar la cara de la **PANTALLA DEL MÓVIL** para disimular... hasta que un objeto volador no identificado me ha dado **EN TODA LA CARA**.

No, no era un ovni, sino una superbola de papel con un mensaje dentro:

TODOS EN PAREJITAS MENOS TÚ,
QUE CON UNO NO TE BASTA.
¡EGOÍSTA!

Alguien me lo ha lanzado y creo que ya sé quién ha sido: **MAY**.

Al principio no he entendido lo de las parejitas, pero cuando me he vuelto, lo he comprendido todo. Este era el panorama:

Pero ¿cómo no me he dado cuenta antes? Si ayer **FÉLIX** se pavoneaba delante de ella haciendo malabares **¡Y ELLA SONREÍA SIN PARAR NI UN SEGUNDO!**

Seguro que a Isabella le habría gustado sentarse en otro sitio. Pero... **¿A JULIO LE GUSTA ISABELLA?** Seguro que sus hermanas no lo aprueban.

Esto sí que no me lo esperaba, **¡TENDRÉ QUE INTERROGARLA A FONDO!**

Esa es la explicación de por qué mis **«AMIGAS»** no me habían guardado sitio. Así que, molesta, me he vuelto de nuevo para ver la peli, que estaba a punto de empezar. Pero **NO ERA SOLO LA PELI** lo que estaba a punto de empezar...

Mi momento a-po-te-ó-si-co (o como se escriba)

Lo que ha pasado a continuación me da hasta vergüenza contároslo. Resulta que, aunque he visto esta película mil veces, no he podido evitar llorar cuando los padres de **ELSA** y **ANNA** mueren. ¿Os lo imagináis? **¡TIENE QUE SER HORRIBLE!**

Ellas se quedan solas y encima no pueden ni darse un abrazo porque los poderes de Elsa pueden matar a Anna.

Es verdad que yo muchas veces me peleo con **HUGO** y **MATEO**, pero solo pensar qué pasaría si nunca más los volviera a ver...

¡SOLO IMAGINARLO ME HA HECHO LLORAR!

Pensaba que nadie me veía, pero justo en ese momento,

ALGUIEN ha tocado mi brazo izquierdo. **¡EL IZQUIERDO!** Casi me derrito como el hielo de mi batido porque a ese lado estaba Will. No me he atrevido a volver la cabeza para que no viera mi cara llena de lagrimones, y me he quedado más congelada que Elsa. **PERO ÉL ME HA DICHO:**

—TOMA, DANIELA.

Me estaba tendiendo un pañuelo. Lo más normal hubiese sido darle las gracias, pero en vez de eso le he dicho:

—**¡SÍ, QUIERO!**

—**¿QUÉ?** —me ha preguntado él, con la misma cara que Hugo cuando no entiende las mates.

¿Por qué he dicho eso? ¡Qué vergüenza...! Me he puesto en **MODO CAMALEÓN** intentando disimular, diciendo que se me había metido algo en el ojo.

Entonces, he visto que May, la más creída de las trillizas, **ME SACABA FOTOS**. ¿Pensaba reírse de mí porque lloro? ¿Acaso ella no llora nunca? ¿Ni con *Frozen*? Claaaro, no debe de llorar nunca porque, si no, se le estropea el maquillaje... ¡Pues no voy a hacerle **NI CASO**!

Y cuando creía que **LO PEOR** ya había pasado, ha llegado el momento estelar de la película. Ese momento al que nadie se resiste, **YA SEA CHICO O CHICA, NIÑO O ADULTO, PERRO O GATO** (bueno, esos sí se aguantan porque no saben cantar):

EL MOMENTO «LET IT GO»

Sí, **cuties**: es **INEVITABLE**. Cada vez que oigo la canción me pasa lo mismo: **¡NO PUEDO EVITAR CANTARLA!** Y esta vez no ha sido una excepción: me he puesto a **INTERPRETARLA** a pleno pulmón sobre mi butaca, **ABRIENDO Y CERRANDO LOS BRAZOS COMO SI FUERA ELSA.**

Todos me miraban asombrados, y las trillizas no paraban de hacerme fotos y grabarme, **PERO ¡NO PODÍA PARAR!** Estaba como poseída por el espíritu de *Frozen*.

Y entonces, gracias al ímpetu que le estaba poniendo a mi interpretación... **¡CATAPLOF!** Me he caído y mi butaca se ha cerrado conmigo dentro, como una almeja, y me he quedado doblada y atrapada con los brazos y las patas para arriba: **¡NO PODÍA NI RESPIRAR DE LA VERGÜENZA!**

O de la presión de la butaca que me estaba aplastando como si fuera un sándwich, no lo sé. El caso es que no podía salir y **NICO** y **WILL** han tenido que ayudarme. Toda la sala estaba en **SILENCIO** mientras Elsa seguía cantando como si nada en la pantalla. **¿OS IMAGINÁIS LA ESCENA?** No sabía dónde meterme porque, aunque estaba oscuro, la luz de la pantalla me iluminaba perfectamente y **TODOS** me estaban mirando.

Creí que tendría que esconderme en mi habitación y no volver a salir **NUNCA MÁS**, pero finalmente he logrado salir de esa sandwichera y entonces he oído a más gente cantando. **¡ERAN SELENA, ISABELLA Y VALENTINA, QUE TAMBIÉN CANTABAN «LET IT GO»! ¡SON LAS MEJORES AMIGAS DEL MUNDO!** Poco a poco, el resto se ha ido levantando para cantar y yo me he unido a ellos reanudando mi interpretación (esta vez sobre el suelo, con un batacazo ya tengo bastante). De repente cantábamos todos juntos y eso parecía **¡EL MEJOR MUSICAL DE LA HISTORIA!**

Y **¿SABÉIS QUÉ MÁS?** Cuando ha terminado la canción, **¡TODO EL MUNDO APLAUDÍA Y GRITABA MI NOMBRE!** O casi todo el mundo: las trillizas parecían enfadadas porque les hubiera robado el protagonismo y porque al final no habían conseguido que el resto de la gente se riese.

—**¡BUAH, QUÉ ROLLO DE PELI!** —se ha quejado April.

—Una niña que casi mata a su hermana —ha añadido June—. No me extraña que sus padres las separaran. Elsa debería esconderse para siempre. ¡Es un peligro!

—**¡ESO NO ES ASÍ!** —he dicho y todo el mundo ha clavado su mirada en mí.

Quizá lo he dicho un poquito fuerte, pero ¡es que lo de *Frozen* fue un accidente! Además, **TODOS SOMOS DIFERENTES**, ¡y eso nos hace únicos!

—**TIENES RAZÓN** —ha intervenido Félix—. De pequeños todos pensaban que mi hermano y yo éramos raros porque siempre estábamos haciendo piruetas o **«COSAS EXTRAÑAS»**. Pero nuestros padres creyeron en nosotros y nos apuntaron a gimnasia, ¡y ahora somos campeones del mundo!

—Sí, y a mí siempre me gustaron los pastelitos y el chocolate —ha comentado Camila—. En clase siempre se reían de mí y me llamaban **«ZAMPABOLLOS»**. Pero entonces aprendí a hacer pasteles increíbles y ahora

¡TODOS QUIEREN QUE LES HAGA UNA TARTA PARA SU CUMPLEAÑOS!

La gente aplaudía cada vez que alguien decía algo. ¡Estaba tan emocionada...! ¡Todos estaban viendo que no eran raros... **¡ERAN ESPECIALES!** Como un unicornio debajo de un arcoíris.

Ahora estoy en la cama y no me puedo creer todo lo que nos ha pasado hoy... ¿Qué nos esperará mañana? Desde luego, estos están siendo **LOS DÍAS MÁS INTENSOS DE MI VIDA**... ¡y los más **ESPECIALES**!

La mejor noticia del mundo

¡ESTOY SUPEREMOCIONADA! ¡Os tengo que contar un **NOTICIÓN**! Pero mejor empiezo por el principio o no entenderéis nada.

Todo ha comenzado esta mañana, cuando he cogido el móvil después de desayunar para escribir a mi madre y me he encontrado, en primer lugar, **CUATRO LLAMADAS PERDIDAS Y UN MONTÓN DE MENSAJES SUYOS Y DE MIS HERMANOS:**

Daniela, respóndeme porque estoy MUY preocupada

¡Si solo han pasado dos días!

Dani, soy Mateo, qué tal estás?

Daniela, soy mami otra vez. Esto no puede ser. No sabemos nada de ti desde que te fuiste!

¿Una ligona? ¡Él sí que es un ligón!

Daniela, soy Hugo: ya tienes novio? Seguro que sí porque eres una ligona!

Daniela, soy yo. He llamado al teléfono de la invitación pero no lo coge nadie! Y tú tampoco me coges el teléfono! Va todo bien?

Es que no nos dejan tener los móviles todo el rato

Por cierto, aquí estamos todos bien, pero te echamos de menos

¡Yo también!

Ayer grabamos un vídeo muy chulo para **THE CRAZY HAACKS** (soy Hugo) y te lo perdiste! ☹

¡Qué pena! ¿Qué habrán grabado?

POR FAVOR, escríbenos o llámanos YA, de YA

Justo cuando iba a contestarles para evitar que mi madre llamase a la **POLICÍA**, al **FBI** y a la **NASA**, han empezado a entrar **UN MONTÓN DE NOTIFICACIONES DEL TIKTOK** que publiqué ayer. ¡Y mis amigas también han recibido mensajes en sus redes!

Las fotos que posteamos han sido **¡TODO UN ÉXITO!** Resulta que a la gente le parecen **ADORABLES** los perritos (¡no me extraña!) y un montón de personas dicen que los quieren adoptar.

Pero de momento solo ha llamado una familia para venir a por ellos y tenemos la cita esta misma tarde.

Así que problema **CASI** resuelto. Digo **CASI** porque ya no tenemos que preocuparnos por intentar que los adopten pero... ahora hay tanta gente que los quiere que... ¿Qué hacemos para elegir al mejor dueño? **¿QUÉ SE OS OCURRE, cuties? ¿A QUIÉN SE LOS DAMOS?**

- ☐ Al primero que llegue. Si les interesan, ¡que se den prisa!
- ☐ A una familia con niños tan adorables como los cachorros.
- ☐ Al que tenga la casa con el jardín más grande para los perritos.
- ☐ Otra idea: ______________________

Ah, por cierto. ¡Casi me olvidaba! Ya os imagináis qué otro vídeo me he encontrado también en el Instagram de las **TRICREÍDAS**, ¿no? **¡LO HAN VUELTO A HACER!**

TriDivas

Cuando quieres ser una estrella pero acabas estrellada.
#CantoPeorQueElPatoDonald
ComiendoPolvorones
soygenial Debería dedicarse a cantar en la ducha! Jajajaja
muyfan802 En vez de Ladypecas debería ser Ladygallos
divasfan Cantando así debería quedarse calladita

Pero no tengo tiempo para perder con estas tonterías. **¿POR QUÉ?** ¡Pues porque estoy feliz! Los perritos están cada vez más cerca de encontrar un **HOGAR**, y no voy a permitir que **NADA** ni **NADIE** me amargue este momento. Además, tengo una familia estupenda (¡debo acordarme de contestarles luego!) y aquí he encontrado a las mejores amigas del mundo, ¡son las trillizas quienes se lo pierden por ser **TAN HATERS**!

Y ahora os dejo, *cuties*, que nos acaban de llamar por megafonía para que nos pongamos los bañadores. **¡HOY TOCA PISCINA!**

El agua es lava

Cuties, estoy en la habitación, mojada, triste, preocupada y con **¡SOLO TRES CACHORROS! ¿DÓNDE ESTÁN LOS OTROS TRES?** Ahora os cuento...

Bueno, todo ha empezado en la piscina. Es una piscina enorme y muy bonita, con toboganes, hinchables gigantes en forma de dónut, flamenco, cisne, cangrejo, patito... **¡TODO SUPERCOOL!** Y la tarde prometía ser **SUPERAMAZING**: agua, sol, amigos, hinchables...

AL PRINCIPIO TODO HA IDO BIEN: cuando mis amigas y yo hemos salido a la piscina, ¡no podíamos contener la risa! Nico estaba **SUPERBLANCO**, ¡como un fantasma! Un blanco reluciente que al darle la luz brillaba. Luego nos hemos dado cuenta de que se había puesto tres capas de protector solar **+50**. **¡PARECÍA OLAF**, pero sin la nariz de zanahoria!

En cambio **WILL**... cuando lo he visto ¡no he podido apartar la mirada! Estaba sentado en el borde de la piscina hablando con **FÉLIX** y **SIMÓN**. Llevaba unas gafas de sol y un bañador azul oscuro con cámaras de fotos. Ya se había bañado y tenía el pelo mojado hacia atrás. **¡ESTABA TAAAN GUAPO!**

Y, por supuesto, las trillizas estaban tomando el sol, con bañadores de diseño a juego... **¡Y MAQUILLADAS!**

Nos hemos acercado a los chicos para ver si les apetecía jugar a algo.

Will ha dicho que podríamos jugar a «El agua es lava», que lo había visto en **THE CRAZY HAACKS**, el canal que tengo con mis hermanos.

ESPERA... WHAT?!

¿QUE WILL, MI WILL, VE MIS VÍDEOS?

Me he puesto tan nerviosa que me he empezado a **MAREAR**.

SELENA ha tenido que traerme una silla porque me temblaban las piernas, y **VALENTINA** me ha ofrecido un vaso de agua. **ISABELLA** me ha cogido de la mano e intentaba hacer ejercicios de respiración conmigo (creo que son los mismos que hace para controlar la respiración **PARA CANTAR**).

Los chicos nos miraban sin saber qué pasaba y, para disimular, **VALENTINA** les ha dicho que me había dado un golpe de calor. Un golpe de calor... pero **¡POR CULPA DE WILL!**

Así que Selena les ha dicho que empezasen a jugar sin mí. **MEJOR**, porque yo todavía no tenía fuerzas ni para levantarme de la silla.

FÉLIX y **SIMÓN** han sido los primeros. Como son gimnastas olímpicos, han cruzado la piscina haciendo un montón de cabriolas y saltando de hinchable en hinchable sin tocar el agua y en un periquete. ¡Es imposible competir con ellos!

—**MUY BIEN, CHICOS** —ha dicho Selena—. Turno de Will y Nico. Preparados, listos... **¡YA!**

¡EL AGUA ES LAVA!

En cuanto May ha visto a Will sobre el hinchable, ha venido **DISIMULADAMENTE** hacia la piscina, contoneándose al caminar. Por arte de magia me he sentido mejor y yo también he ido hacia allí y hemos terminado las dos juntas sentadas en el borde de la piscina, mirándonos de reojo.

WILL HA GANADO A NICO (DE LO CUAL ME HE ALEGRADO, Y TAMBIÉN MAY, CLARO).

—¡Qué bien lo has hecho, Will, estoy muy orgullosa de ti...! —ha exclamado tocándose el pelo y ajustándose las gafas de sol, como si no las tuviera ya bien puestas.

Las siguientes éramos **SELENA** y **YO**, así que me he levantado con decisión, dispuesta a demostrar a Will lo bien que lo hacía. Estaba segura de que podía mejorar el récord de los gemelos porque ya había practicado con mis hermanos en nuestro vídeo.

PEEERO CASUALMENTE el pie de May se ha metido **SIN QUERER** entre mis pies y me ha hecho caer al agua antes de empezar. Supongo que habéis notado la ironía de mi frase, porque es evidente que lo ha hecho **EXPRESAMENTE**. Pero no ha conseguido lo que quería... ¡sino todo lo contrario!

¿SABÉIS QUIÉN HA VENIDO PARA AYUDARME A SALIR DÁNDOME LA MANO? WILL.

Estaba más que nerviosa, pero no podía desconcentrarme, por lo que me he puesto al lado de Selena para ver quién llegaba antes al otro lado de la piscina **SIN TOCAR EL AGUA**. Cuando Nico ha dicho **«¡EL AGUA ES LAVA!»** cada una nos hemos lanzado a un hinchable.

Yo he agarrado al pobre **FLAMENCO** del cuello y **SELENA** se ha tirado en plancha encima del **DÓNUT GIGANTE**. Parecía que YO avanzaba rápidamente a base de retorcerme para que mi **FLAMENCO** ganara cuando, de repente, he notado que alguien se lanzaba sobre mí, me hacía **PERDER EL EQUILIBRIO** y mi flamenco volcaba.

¿HA SIDO MAY? NO. ¿HA SIDO JUNE? TAMPOCO. ¿APRIL? FRÍO, FRÍO...

Cuties, esta vez no han sido las trillizas, seguramente por miedo a que se les corriera el maquillaje. Han sido... **¡LOS CACHORROS!**

Problemas a la vista

Al parecer, **NO HABÍAMOS CERRADO BIEN LA PUERTA DE LA HABITACIÓN** al ir a ponernos los bañadores y se han escapado. Uno ha caído sobre mí, dos sobre Selena, y los otros tres se han tirado a lo bomba en la **PISCINA** y han salpicado a las **TRILLIZAS**. Además, **IGGY**, el más **TRAVIESO**, ha salido de la piscina mojado, se ha abalanzado sobre May, le ha dado lametones y le ha esparcido la barra de labios por toda la cara. **¡PARECÍA UN PAYASO!**

—**¡AAARRRGGGHHH! ¡QUITA, CHUCHO ASQUEROSO!** —gritaba May.

Sus hermanas han venido a ayudarla con tan mala suerte que **TUBBY**, que también había salido del agua, se ha metido entre sus pies y ha hecho que las tres acaben... **¡DENTRO DE LA PISCINA!**

Tendríais que haber visto su cara cuando han salido, y no me refiero al maquillaje: ¡eran las caras más enfadadas que he visto nunca! Y sin decir **NADA, HAN COGIDO CADA UNA A UN PERRITO**, lo han metido en sus cestos de piscina y se han alejado hacia su habitación.

¡HABÍAN COGIDO A SNAPPY, IGGY Y TUBBY! Los cachorritos han empezado a llorar y han intentado salir de los cestos, pero ellas no los han soltado.

—¡Dejadlos! —he chillado—. **¡NO SON VUESTROS!**

—**¡Y TUYOS TAMPOCO, NIÑATA!**

¿QUÉ PODÍAMOS HACER? Antes de nada, asegurarnos de que los otros tres estaban a salvo, así que hemos ido a llevarlos a la habitación.

En cuanto hemos llegado, hemos recibido el aviso por megafonía de que una familia acababa de llegar preguntando por mí. ¡Y no era la mía, sino **LA FAMILIA ADOPTIVA** para los perritos!

Ahora solo tenemos a tres de los cachorros y **JAMÁS** de los **JAMASES** vamos a permitir que se los lleven sin sus hermanos. ¿Qué hacemos? Estamos más perdidas que Dora la Exploradora sin su mapa. **NECESITAMOS UN PLAN. UN PLAN URGENTE.**

¿QUÉ SE OS OCURRE?

- [ ] Ir a la habitación de las trillizas y coger los perritos a la fuerza.
- [ ] Dar solo tres en adopción y otro día el resto.
- [ ] Otra idea: ____________________

Os dejo, que tenemos que pensar **SUPERRÁPIDO**. ¡Luego os lo cuento!

Cuties, tengo **DOS NOTICIAS: UNA BUENA Y UNA MALA.** ¿Cuál queréis primero?

Venga, la buena.

¡TENEMOS A LOS SEIS CACHORROS!

Resulta que los hemos recuperado casi por arte de magia, sin llegar a hacer nada. Me explico:

FÉLIX y **SIMÓN** han publicado en su Instagram una **SELFI** de los dos en la piscina, sin darse cuenta de que al fondo se veían las **TRILLIZAS** recién salidas del agua... **¡CON EL MAQUILLAJE ESPARCIDO POR LA CARA!**

Aunque ha sido **SIN QUERER**, ese dato no ha parecido importar a las trillizas, que cuando lo han visto se han enfadado tanto que han salido corriendo de su habitación para **«ORDENARLES» A LOS GEMELOS QUE BORRARAN LA FOTO**. ¿Y ellas qué? Ellas postean todo lo que pueden para reírse de la gente... **¡ESO ES MUCHO PEOR!**

FelixySimon

Día perfecto en la piscina!
elenitaguay Guapooos!
32lucy32 Quiénes son esos esperpentos que están detrás?
superfan4 Sois los mejores!

El caso es que han abandonado su habitación con tanta prisa que... **¡SE HAN DEJADO LA PUERTA ABIERTA!** Y ya sabéis que los perritos **NO SE RESISTEN** a una puerta abierta, así que los tres han salido al pasillo justo cuando nosotras íbamos hacia la habitación de las hermanas.

¡NO OS IMAGINÁIS LO CONTENTOS QUE ESTABAN! ¡Y NOSOTRAS MÁS!

Los hemos cogido a todos y hemos ido al vestíbulo de entrada, donde nos esperaba **LA FAMILIA ADOPTIVA DE LOS CACHORROS.**

Pero recordáis que tenía **DOS NOTICIAS, ¿NO?** La buena ya os la he dicho: hemos recuperado a los cachorros. **Y LA MALA ES QUE...**

BUENO, OS LO CUENTO BIEN: los adoptantes que han venido eran una pareja. Ella era alta, delgada e iba muy bien vestida, y él llevaba un traje y unas gafas de sol que no se ha quitado **EN NINGÚN MOMENTO**. En cuanto los han visto, los perritos han saltado sobre ellos buscando caricias, pero ella se ha apartado instintivamente **CON CARA DE ASCO**. Él ha tratado de **DISIMULAR** sonriendo de medio lado diciendo que eran **MUY MONOS, PERO TAMPOCO LOS QUERÍA TOCAR.**

¡QUÉ RARO! Si te gustan los perros lo primero que haces es acariciarlos, agacharte para verlos, cogerlos si son cachorros... **¿NO CREÉIS?**

NO ME FIABA NADA DE NADA, así que les he hecho algunas preguntas para asegurarme de que era la familia adecuada para cuidar a **NUESTROS** perritos:

—¿Tenéis más mascotas? —he preguntado.

—Sí —ha contestado ella.

—No —ha respondido él.

PERO ¿EN QUÉ QUEDAMOS?

¿SÍ O NO?

Ella ha intentado excusarse diciendo que **ANTES** tenían, que se había equivocado. Pero algo me decía que me estaban mintiendo... Supongo que eso es lo que le debe pasar a mi madre cuando le decimos que hemos hecho los deberes y no es verdad: **¡LO NOTA AL INSTANTE!**

Selena le ha preguntado si tenían un jardín para los perritos y, de nuevo, no se han puesto de acuerdo. Ella ha dicho que uno pequeño y él que uno muy grande.

¿ACASO VIVÍAN EN CASAS DISTINTAS?

Mientras estábamos distraídas haciéndoles preguntas, Tikky se ha hecho **PIPÍ EN EL ZAPATO DEL SEÑOR**, que no ha dudado ni un segundo en **PEGARLE UN PUNTA-PIÉ Y MANDARLO AL OTRO LADO DEL VESTÍBULO.**

NO ME LO PODÍA CREER. ¿Una **PATADA** por un poquito de pipí? ¡Si con lo pequeños que son apenas mean cuatro gotas!

Estaba decidido: **ELLOS JAMÁS SE QUEDARÍAN CON NUESTROS PERRITOS.** Nos hemos mirado todas y nos hemos ido corriendo a la habitación. ¡De ninguna manera se los íbamos a dar a esa pareja!

Y un minuto después Will ha entrado corriendo en nuestro cuarto, casi sin aliento:

—**¡¡¡DANIELA!!!**

La declaración... ¡de guerra!

Sí, **HA DICHO MI NOMBRE**, *cuties*.

Ha entrado en la habitación **PREGUNTANDO POR MÍ, LLAMÁNDOME A MÍ Y MIRÁNDOME A MÍ.**

Y justo cuando estaba imaginándome su declaración de amor, la confesión de que no podía vivir sin MÍ ha dicho:

—**¡NO LES DEIS LOS PERRITOS!**

Las cuatro nos hemos quedado boquiabiertas esperando una explicación.

—Los he oído hablar cuando han llegado. Estaban cuchicheando y decían que podían vender esos perros por muchísimo dinero. **¡NO LOS VAN A CUIDAR... ¡QUIEREN APROVECHARSE!**

Lo hemos tranquilizado explicándole que ya nos habíamos dado cuenta de que no era la gente adecuada y le hemos enseñado los cachorros, que se habían **PUESTO A DORMIR** debajo de la cama, ajenos a todos los problemas relacionados con su adopción.

POR SUERTE NO SE HABÍAN IDO CON ESA PAREJA HORRIBLE.

POR DESGRACIA...

¡SEGUÍAN SIN FAMILIA!

Había que pensar una manera de asegurarnos de que las personas que se los quedasen fuesen las apropiadas.

Mientras pensábamos, el teléfono de Isabella ha vibrado. Cuando ha mirado la pantalla su cara se ha puesto **BLANCA**. ¿Qué pasa? No lo puedo creer. **OTRA VEZ LAS TRILLIZAS.**

Resulta que como venganza por la foto que **FÉLIX** y **SIMÓN** han posteado de ellas, han entrado en la habitación de los chicos en secreto, han revuelto sus cosas... **Y HAN ENCONTRADO ESTO:**

TriDivas

A que no adivináis de quién son estos calzoncillos? Aunque no lo parezca, tienen más de tres años, son gemelos y hacen acrobacias. #CalzoncillosDeBebé #GimnastasConPañales #FélixySimón

SE HAN PASADO DE LA RAYA. Estas chicas no tienen ningún tipo de límite a la hora de reírse de los demás y de intentar ridiculizar **A TODO EL MUNDO.**

Y si los gemelos tienen calzoncillos de ositos, ¿qué pasa? A mí una vez me regalaron una muñeca de niña pequeña y no la devolví porque me supo mal... **¡Y NO POR ESO SOY UN BEBÉ!**

—Chicas, **TENEMOS QUE HACER ALGO.** No tienen ningún tipo de respeto y están haciendo daño a mucha gente —he propuesto a mis amigas.

—**¡SÍÍÍ!** —han gritado todas.

Will nos ha mirado y ha dicho:

—Chicas, **¿NO OS HABÉIS DADO CUENTA?**

—¿De qué? —ha preguntado Selena.

—Sois como... como unas **SUPERHEROÍNAS**. Defendéis y ayudáis a todo el mundo: a Camila, a **FÉLIX** y **SIMÓN**... ¡y también a los perritos! **¡OS ADMIRO MUCHO!**

Eso último lo ha dicho mirándome **A MÍ.** Os lo juro. Y se ha ido. **ASÍ, SIN MÁS.**

Nosotras nos hemos quedado mirándonos y cuando ha cerrado la puerta nos hemos dado un **GRAN ABRAZO** sin decir nada.

No sé si somos **SUPERHEROÍNAS**, pero sí sé que somos **SUPERAMIGAS**, y eso para mí es suficiente. Aunque tampoco está mal lo de ser una **SUPERHEROÍNA**... **¿VOSOTROS QUÉ CREÉIS?**

- ☐ Sí, ¡sois las mejores!
- ☐ Todos somos superhéroes cuando ayudamos a la gente y a los animales que lo necesitan.

YO YA ME LO IMAGINO: las cuatro luchando contra el mal, combatiendo el odio en las redes sociales, defendiendo a la gente de los haters... ¡Como **SUPERHEROÍNAS**, pero sin poderes extrahumanos! Solo poderes que tiene todo el mundo como **EL AMOR, LA AMISTAD Y LA GENEROSIDAD**.

¡¡¡MOOOLAAA!!!

—Chicas, ¿y si de verdad **SOMOS SUPERHEROÍNAS**? —he planteado.

—**¡CLARO QUE LO SOMOS!** —ha respondido Isabella.

—Todos los que ayudan a los demás ¡lo son! —ha añadido Selena.

—**¡JUNTAS PODEMOS CON TODO!** —ha gritado Valentina.

Cuties, ¡somos superheroínas! ¡Y vosotros también podéis serlo! Pero... **TODOS LOS SUPERHÉROES TIENEN ALGO EN COMÚN, ¿NO?**

COSAS COMUNES DE LOS SUPERHÉROES:

★ *Tienen un* **NOMBRE** *muy* **COOL**: *Clark Kent era Superman, Peter Parker era Spiderman, Selina Kyle era Catwoman... Imaginaos si no se cambiaran el nombre: ¡Bieeen, ahí viene Clark a salvarnos! ¡Mirad cómo trepa Peter! No suena tan* **MOLÓN**, *la verdad...*

★ *Tienen una vestimenta especial, un traje, un* **LOGO**... *algo* **ESPECIAL** *que les identifica: una capa, un antifaz, una araña o una S en el pecho... Nosotras no necesitamos capa ni antifaz. Somos*

SUPERHEROÍNAS pero de otro tipo, con poderes que no necesitan capa. Sin embargo, un **SUPERLOGO** que podamos usar en redes sociales... **¡SERÍA LO MÁS!**

★ Tienen una **MISIÓN**, un propósito: salvar el mundo, luchar contra el mal... ¡Debemos encontrar el nuestro y crear nuestro propio **LEMA**!

★ Mantienen su verdadera identidad **EN SECRETO**: eso es **FUNDAMENTAL**. Si todos supieran quiénes somos, no podríamos actuar porque tendríamos millones de seguidores a todas horas pidiéndonos que nos hiciéramos una foto con ellos.

Así que, *cuties*, ¡tenemos mucho trabajo! Necesitamos:

- ☐ UN NOMBRE
- ☐ UN LOGO
- ☐ UN LEMA
- ☐ QUE NADIE SE ENTERE...

¿QUÉ NOMBRE SE OS OCURRE, *cuties*? (QUE SEA SUPERGENIAL, ¿EH?) ¿ALGUNA IDEA?

¡Ah! Y también **TENGO QUE ESCRIBIR A MI MADRE.** ¡Y buscar a otro dueño para los perritos!

Demasiadas cosas y demasiado poco tiempo... ¡Manos a la obra! **¡LUEGO OS LO CUENTO TODO!**

El mejor equipo del mundo

Cuties, ¡LO TENEMOS!

Me refiero **AL NOMBRE, EL LOGO Y EL LEMA** (seguimos sin dueño para los perritos). Ponernos de acuerdo ha sido **MUCHO MÁS FÁCIL** de lo que pensaba.

Lo primero que hemos hecho ha sido pensar en algo que fuera común para todas. **HEMOS HECHO ESTA LISTA:**

★ *Somos un grupo muy unido, como una banda o pandilla.*

★ *Nos gustan las redes sociales.*

★ *Nos gustan los unicornios y estamos seguras de que existen en algún lugar que todavía no se ha descubierto.*

★ *Nos gusta estar contentas y ver el lado positivo de las cosas.*

★ *Nos gusta* **¡MUCHO!** *la purpurina y las cosas brillantes en general.*

★ *Creemos que* **TODOS** *tenemos algo que nos hace* **ÚNICOS ¡Y ESPECIALES!**

Así que teníamos que encontrar un nombre que estuviera relacionado con lo anterior. Se nos han ocurrido estos:

- La Banda del Unicornio
- La Pandilla Feliz
- Influencers Brillantes
- Las Chicas del Glitter
- Heroínas Protectoras
- Girl Power

¡Uf! **NINGUNO NOS CONVENCÍA**... Cada una hemos dado nuestra opinión:

—Lo de «banda» o «pandilla» me gusta, pero no acaba de sonar bien... —ha comentado Valentina—. **¿Y SI PONEMOS «GRUPO» O «AMIGAS»?**

—Sí, es verdad, el nombre tiene que reflejar que somos varias. Pero ¿cómo hacerlo para que suene **COOL**? —ha planteado Selena.

—¿Has dicho «cool»? ¡Eso es! ¡En inglés! «Banda» o «pandilla» es **«SQUAD»** o **«GANG»**, ¡eso suena mejor! —he exclamado yo, totalmente convencida de que, a veces, las cosas en inglés suenan mejor.

—Sí, ¡me gusta! **LA GANG DEL UNICORNIO** o **HAPPY SQUAD** —ha dicho Isabella.

—No, chicas, no acaba de encajar... Hace falta algo más especial, **ÚNICO**... ¡Brillante como nosotras! —ha sugerido Valentina.

En ese preciso instante, se me ha encendido la bombilla. No la de la habitación, que esa ya estaba encendida, sino esa bombilla que se te enciende cuando tienes una idea **SUPERGENIAL**.

—Lo tengo, chicas: **SEREMOS...**

¡THE GLITTER GANG!

Se ha hecho un momento de silencio. Yo las miraba esperando que alguien dijera algo, pero todas me miraban muy serias. **HASTA QUE...**

¡SÍÍÍ!

—Es genial, Daniela —ha soltado Valentina—. El nombre **PERFECTO.**

—Sí, la purpurina transmite alegría, brillo, ¡y felicidad! **¡COMO NOSOTRAS!** —ha agregado Selena.

—No solo nosotras, sino todas las niñas y niños del mundo —ha dicho Isabella.

No podía estar más contenta. **¡ES EL MEJOR NOMBRE DEL MUNDO!**

—¿Os habéis fijado en que Glitter y Gang empiezan por la misma letra? ¡La G! **LA G DE «GLAMOUR».** —Esa era Valentina, que siempre estaba pensando en las revistas de moda.

—**¡Y LA G DE «GANADORAS»!** —ha añadido Selena, la más competitiva de todas.

—Pues no sería mala idea utilizar las dos G para crear el logo —ha propuesto Isabella, la más cuerda del grupo.

—Claro, **DOS INICIALES**, pero ¡la misma a la vez! —he dicho yo.

Y lo que hemos hecho ha sido esto: **DIBUJAR DOS G Y RECORTARLAS**, de manera que pudiéramos moverlas como quisiéramos sobre la mesa para ver si podíamos hacer un logo con ellas:

HEMOS PUESTO DOS JUNTAS, DOS DE LADO, UNA PARA ARRIBA Y OTRA PARA ABAJO, UNA CONTRA LA OTRA, UNA AL CUADRADO...

—Mmm. No, chicas, esto no funciona. No transmite la idea del amor a los demás, ni de querer ayudar... —he dicho.

Y en ese momento, sin que hayamos podido impedirlo, Twitchy se ha subido a la mesa y ha revuelto las letras con sus patitas.

—**¡NOOO, TWITCHY!** —hemos gritado las cuatro a la vez mientras Selena lo cogía para llevarlo de vuelta con sus hermanos.

Y cuando hemos mirado la mesa, **LO HEMOS VISTO**.

NO LO PODÍAMOS CREER: Twitchy había hecho el logo **MÁS BONITO Y AMOROSO DEL MUNDO MUNDIAL.**

¡GUAU! Y ¡¡¡MEGASUPERULTRAGUAU!!!

Dos **G** en forma de **CORAZÓN**... ¡no podía ser más perfecto!

—¡Ahora hay que crear un perfil en tooodas las **REDES SOCIALES** con nuestro logo y nuestro nombre —ha comentado Valentina—. ¡No el real, claro! El de **¡THE GLITTER GANG!**

¡Claro! ¡Las redes sociales! La regla **INDISPENSABLE** de los **SUPERHÉROES MODERNOS.**

Le pediré a mi madre que lo haga en cuanto tenga un momento para escribirle... ¡Eso puede esperar!

Lo importante ahora es encontrar un **LEMA**, una razón por la que **LUCHAR**, ¡un motivo para **VIVIR**!

Bueno, **VAAALE...** reconozco que me he dejado llevar por la euforia y me he flipado un poco.

Pero lo cierto es que necesitamos una frase que defina nuestra **MISIÓN**.

¿CUÁL ELEGIRÍAIS VOSOTROS, *cuties*? SE NOS HAN OCURRIDO ESTOS LEMAS:

- ☐ Be strong.
- ☐ Nunca te rindas.
- ☐ Don't worry, be happy (este creo que ya está cogido).
- ☐ Otro: ______________________________

Sigamos pensando... ¡LUEGO OS LO CUENTO!

La familia per-fec-ta

cuties, Estoy **SUPERFELIZ**, porque, además de tener el mejor nombre del mundo para un grupo de amigas poderosas y el logo más molón del universo, ahora tenemos también el lema **MÁS INCREÍBLE, MOTIVADOR Y FANTÁSTICO DE LA TIERRA Y DEL MULTIVERSO**:

¡SMILE, SPARKLE AND SHINE!

En cuanto hemos decidido que tenía que ser en inglés para ir a juego con el nombre y que debía reflejar algo

ALEGRE, **BRILLANTE** y **SHINY** como la purpurina, pegadizo y **SUPERGLAM**, simplemente se me ha ocurrido. ¡Y lo he gritado tan fuerte que hasta los cachorros se han asustado un poco!

¿A VOSOTROS OS GUSTA? A Selena, Valentina e Isabella les ha encantado. Y a mí también, claro, por eso lo he dicho. ¿Por qué? Fácil: ¡porque es el mejor consejo del mundo! **¡SONRÍE, BRILLA Y RELUCE!**

Cada uno tenemos nuestra propia luz, algo que nos hace brillar y destacar. Por eso no hay que avergonzarse de ser como somos, hay que sonreír, levantar bien la cabeza ¡y seguir adelante!

Y eso no es todo, *cuties*. Valentina ha tenido la brillante idea de llevar puesto algo común que nos identificara como grupo, pero que pasara desapercibido. **¡UNAS PULSERAS!** Ha sacado su bolso de costura y con unos lazos verdes y rosas (mis colores favoritos) nos ha hecho pulseras para todas en un momento.

Y aquí las tengo, *cuties*, **UNA PULSERA ROSA Y OTRA VERDE** que, juntas, significan que **¡SOMOS DE LA GLITTER GANG!** Así que ya lo tenemos todo para pasar a la **ACCIÓN**: el nombre, el logo, el lema, las pulseras identificativas... **SOMOS THE GLITTER GANG** y vamos a ayudar a todos los niños, niñas y animales en apuros. ¡Es hora de sonreír y **BRILLAR**!

Sí, tenemos que brillar... Pero para empezar tenemos que **ENCONTRAR UNA FAMILIA PARA LOS CACHORROS**. Aunque una parte de mí no puede imaginarse esta habitación sin sus travesuras, eso es lo mejor para ellos. ¡Tenemos que conseguirles **LA MEJOR FAMILIA EVER**!

¡POR FIN LA SUERTE ESTÁ DE NUESTRO LADO! Justo cuando iba a escribir a mi madre para decirle que estoy bien y que me ayudara a crear un perfil para The Glitter Gang, me ha entrado **UN MENSAJE** relacionado con los cachorros:

> Hola, chicas:
>
> He encontrado por casualidad las fotos de los cachorros ¡y son adorables! Creo que tengo el lugar perfecto para ellos, donde serán cuidados, respetados y MUY AMADOS.
>
> Nos vemos en una hora en el vestíbulo.
>
> Fdo.: D. C.

Esto... **PERO ¿CÓMO HAN CONSEGUIDO MI NÚMERO DE TELÉFONO?** No era un mensaje de Instagram, sino que lo han mandado directamente a mi móvil.

¿Y D. C.? **¿QUIÉN ES D. C.?** ¿Y cómo sabe que aquí hay un vestíbulo? ¿Y estará aquí en una hora?

Cuties, eso es **MUY SOSPECHOSO. DEMASIADO.** Eso significa que es alguien de **DENTRO** del edificio o, al menos, alguien que nos conoce y está cerca.

¿SERÁN LAS TRILLIZAS EN OTRO INTENTO DE ROBARNOS A LOS PERRITOS?

Lo que está claro es que esta vez acudiremos **SIN LOS CACHORROS** para asegurarnos de que es la familia ideal para ellos y no se trata **DE UNA BROMA NI DE GENTE INTERESADA EN REVENDERLOS.**

¿SE OS OCURRE QUIÉN PUEDE SER? ¡ESTOY IMPACIENTE!

- ☐ Las trillizas.
- ☐ Un niño gastando una broma.
- ☐ Otra idea: ______________________

¡NO OS LO VAIS A CREER!

Resulta que la «familia» adoptiva de los cachorros... **¡SOMOS NOSOTRAS!**

Me explico porque sé que es no es fácil de entender. Vamos, **¡IMPOSIBLE SI NO OS LO CUENTO TODO!**

Me calmo y os digo lo que ha pasado, porque estoy **TAAAN FELIZ** que me faltan las **PALABRAS**.

A ver. Hemos ido las cuatro al vestíbulo, tal como indicaba el mensaje de quien quería adoptar a los cachorros. Llegamos y allí estaba... **¡D. C.!** ¿Cómo no nos habíamos dado cuenta antes? Era... **DARLA CHARLA EN PERSONA, ¡LA DIRECTORA DE LA CONVIVENCIA!**

Nos ha dicho que los cachorros ya estaban **EN EL LUGAR PERFECTO**, donde todos (o **CASI TODOS**, pero eso ella no lo sabía) **LOS QUERÍAN.** Los podíamos tener en la habitación hasta que nos fuéramos y ella se encargaría de que tuviéramos comida suficiente para ellos. Eso sí, lo primero sería llevarles al veterinario, pero **LO MÁS IMPORTANTE ERA QUE ¡ESTARÍAN CON NOSOTRAS!**

Y luego con los otros niños que viniesen a la convivencia después de nosotras.

¿NO ES GENIAL, CUTIES? ¿Qué mejor lugar para los cachorros que una residencia en la que viven un montón de niños?

Y, para empezar, **¡SUS MEJORES MAMIS SEREMOS NOSOTRAS!**

ASÍ QUE PROBLEMA RESUELTO ¡y de la mejor manera!

Cuando Hugo se entere de que tengo perritos y que puedo venir a verlos cuando quiera, ¡va a querer venir conmigo! **¡SE LO TENGO QUE DECIR ENSEGUIDA!**

Ahora sí que voy a escribir a mi madre para contárselo **TODO**, incluido lo de los perritos.

¡Estoy deseando saber la reacción de mi **FAMILIA** cuando les explique todas las locuras que me han pasado desde que me fui!

El primer post

Cuties, al final hoy tampoco he podido escribir a mi familia... **¡DE MAÑANA NO PASA!**

Pero todo tiene una explicación: resulta que al coger el móvil para escribir a mi madre me he encontrado, una vez más, con otro post de las **TRICREÍDAS**. Y no era un post cualquiera hablando de sus mechas, sino **OTRO** post riéndose de alguien.

Y esta vez la víctima ha sido... **¡WILL!**

Eso **SÍ** que **NO**. ¿Cómo se atreven? ¿Es que acaso no se cansan de meterse con **TODO EL MUNDO**? **¡WILL NO LES HA HECHO NADA!** Estoy tan enfadada que echo más humo que el horno el día que nos olvidamos **UNA PIZZA DE PEPERONI DENTRO**.

TriDivas

El famoso Will tiene algo que esconder... esta es su minicasa, detrás de una GRANJA!
#QuéAsco #HueleDesdeAquí #CasasDeFamosos

¿Cómo pueden reírse del lugar donde vive alguien? Cualquier cosa les vale para mofarse de otros.

Pero esto **SE ACABÓ**: ¡es el momento de pararles los pies! Para eso somos The Glitter Gang, ¿no?

Aunque... **¡NI SIQUIERA TENEMOS UNA CUENTA EN INSTAGRAM!**

O eso creía yo, hasta que Isabella ha anunciado:

—Chicas, **MI PADRE NOS HA CREADO UNA CUENTA EN INSTAGRAM**. Le he contado todo lo que ha pasado y lo increíble que ha sido conoceros, y no ha dudado en ayudarnos.

¡¡¡BIEN!!!

—Pues ha llegado el momento de hacer nuestro **PRIMER POST**.

Todas me han mirado expectantes, esperando que les dijera mi idea. Pero aún no la tenía.

He disimulado como he podido, mirando hacia arriba, hacia abajo, a los lados... Incluso he silbado, **¡Y ESO QUE NO SÉ SILBAR!**

—Tenemos que hacer que el resto de los niños y niñas se unan a **THE GLITTER GANG** —he dicho.

Y claro, seguían mirándome **CON CARA DE PÓQUER**, pero más que **LADY GAGA**, mientras los perritos se perdían ese momento histórico jugando por la habitación y revolviéndolo todo.

—Quiero decir que... Nuestro **PRIMER POST** debe ser de **PRESENTACIÓN**, pero sin que se nos vea, **¡CLARO!** Explicar quiénes somos y para qué hemos creado **ESTE PERFIL**.

—Claro, Daniela, **PERO ¿QUÉ PONEMOS?** —me ha preguntado Selena.

—Eso, **¿CÓMO PODEMOS PRESENTARNOS SIN PRESENTARNOS?** —ha planteado Valentina.

Y de repente se me ha ocurrido.

UNA IDEA GENIAL.

—Pongamos **UNA FOTO** de nuestro **LEMA** y expliquémoslo.

—¡Eso es! —ha gritado Valentina—. Y tengo una **IDEA** de cómo hacerlo.

Rápidamente ha traído su crema de noche, esa que tanto les gusta a los perritos, una hoja de papel y mucha purpurina, **GLITTER** en inglés, de esa que usa para iluminar su cara en las sesiones de maquillaje.

—Selena, dame uno de esos palillos que usas para hacerte moños, por favor.

—**¿UN PALILLO?**

—Sí, ¡ahora verás!

En un momento Valentina ha trazado las **TRES PALABRAS PODEROSAS** sobre el papel con la crema y la ayuda del palillo, como si fuera una pluma.

Pero en vez de tinta, ¡con su crema hidratante! Y después ha espolvoreado por encima la **PURPURINA**.

Ha hecho una foto en picado desde arriba y... **¡¡¡TACHÁN!!! ¡NUESTRO LEMA LISTO PARA POSTEAR!**

—¿Y qué ponemos en la descripción? —he preguntado.

—**DEJADME A MÍ** —ha contestado Isabella, que como está acostumbrada a escribir las letras de sus canciones, enseguida se ha inspirado para poner la descripción de la foto más **GENIAL** del mundo mundial.

¿NO OS LO CREÉIS?

¡MIRAD!

TheGlitterGang

Niños y niñas del mundo. HA LLEGADO LA HORA de combatir el ODIO, la ENVIDIA, el MALTRATO y el BULLYING entre todos. ¿Os unís? Cada vez que veáis un comentario HATER en alguna red social, cada vez que veáis a alguien burlarse de otra persona o haciendo daño a un animal... No le sigáis la corriente, no os quedéis parados y ayudad a quien lo está pasando mal! Nada puede más que el AMOR, la ALEGRÍA y las SONRISAS. Somos THE GLITTER GANG y vosotros también podéis ser parte de nuestro grupo. Qué tenéis que hacer?: SMILE, SPARKLE & SHINE! ¡Decid NO a la MALDAD y COMBATIDLA con SONRISAS! Poned vuestro comentario positivo cargado de AMOR y APOYO al que sufre... Y no olvidéis que el que más sufre es EL QUE ODIA. #TheGlitterGang #NOalODIO #SIalAMOR #NOalMaltrato #TodosContraElBullying #NoMasHaters #SSS #SmileSparkleShine

Quizá es un poco largo pero es... **¡PERFECTO!** Ojalá todo el mundo se una a nuestra causa y terminemos no solo con los post llenos de odio de las trillizas, sino con los de todas las personas que usan a otras para reírse o hacerles daño.

¿La gente nos apoyará?

¿Tendremos muchos **LIKES** en nuestro lema?

¿Nos harán comentarios buenos o malos?

¿QUÉ CREÉIS VOSOTROS, *cuties*? ¿NOS APOYARÍAIS EN NUESTRA MISIÓN SSS?

- ☐ ¡Claro! Es una superidea y la unión hace la fuerza. ¡Todos contra el odio!
- ☐ Buf, es muy difícil, hay demasiada gente mala y por más que hagamos no van a cambiar.

Hay que esperar y ver...

Y entonces hemos decidido irnos a comer, que para ayudar a tanta gente... **¡HAY QUE COGER FUERZA CON UN PLATO DE PASTA CON EXTRA DE QUESO!**

Primeros comentarios

Cuties, he venido rápido a la habitación para contároslo. **¡NUESTRA MISIÓN ESTÁ EN MARCHA!** Por cierto, **¡LA PASTA ESTABA RIQUÍSIMA!** Incluso les he llevado unos platos de macarrones a las trillizas. ¿Por qué? Bueno, ellas no se han mostrado muy agradecidas que digamos, pero he estado pensando que si necesitan reírse de los demás para sentirse mejor... **¡ES PORQUE NO SON FELICES!**

Luego hemos vuelto a la habitación para mirar la cuenta de Instagram de **@TheGlittersGang**... ¡y no podía creer lo que veía!

Teníamos **UN MONTÓN DE LIKES Y MUCHÍSIMOS COMENTARIOS**.

Nos hemos sentado en mi cama y hemos ido contestando juntas poco a poco.

@AntoineViveLaFrance Hola @TheGlitterGang. ¡Qué bien que hayáis creado una cuenta como esta! Me siento más acompañado ahora que sé que existís y que me vais a apoyar. Me llamo Antoine y soy francés, aunque hablo español. Me acabo de mudar a España y no tengo amigos. Y no solo eso, sino que en clase se ríen de mí por mi acento francés y me imitan todo el rato. Lo paso fatal! Qué puedo hacer?

@TheGlitterGang Hola @AntoineViveLaFrance. Estamos contigo! El acento no es importante, de hecho, pensamos que el acento francés es MUY COOL y además te hace diferente del resto. Eso significa ser ÚNICO y ESPECIAL! Mucho ánimo!!

@chocoCAM Gracias por crear este perfil.
Mi nombre es Camila y me encanta cocinar, sobre todo hacer pasteles de chocolate (y comérmelos). Pero hay unas niñas que se meten conmigo cada día y me llaman gorda... De hecho, son trillizas y se creen las mejores del mundo... Yo no soy rellenita, mi madre dice que tengo los huesos grandes, pero ellas me hacen sentir muy fea y muy mal. Sería genial que entre todos pudiéramos hacer que pararan.

¡ES NUESTRA CAMILA! Pero claro, no sabe que The Glitter Gang somos nosotras...

Aunque nosotras sepamos perfectamente a qué trillizas se refiere. **¡QUÉ RABIA!** Pero es fundamental mantener nuestra identidad en secreto, así que le hemos respondido inmediatamente:

> **@TheGlitterGang** No es justo que esas trillizas se metan contigo. Recuerda: eres PRECIOSA. Y más aún si haces lo que te gusta porque la felicidad te hace aún más BELLA, por dentro y por fuera. Sigue buscando tu felicidad sin importarte lo que digan!

Y, *cuties*, también estaba este mensaje:

@TriDivas Hay que tener poco gusto para escoger ese nombre tan cursi. Vais de superheroínas y no sois más que unas pringadas que no dais la cara porque seguro que sois FEÍSIMAS! Pero qué os creéis intentando proteger a los demás? Que se busquen la vida y espabilen! La vida es así y cuanto antes se acostumbren, mejor! Adiós, Glitter Gangosas.

¿ES QUE NO TIENEN NADA MEJOR QUE HACER?

Si se creen que vamos a entrar en su juego de odio, están muy **EQUIVOCADAS**. ¡No somos como ellas y lo vamos a demostrar!

@TheGlitterGang Hola @TriDivas. La única belleza que nos importa es la interior, así que no necesitamos "dar la cara" en este perfil. Ya la damos intentando ayudar a los demás, algo que nos hace MUY FELICES. Si vosotras probarais a hacer feliz a alguien tal vez también os guste ;-)

¡UF! Contestar todos los comentarios es un **TRABAJO** en **TODA REGLA**. Nos tendremos que organizar para repartirnos la tarea y poder responder todos los comentarios.

¡Ah! También recibimos un mensaje privado **BASTANTE PREOCUPANTE**:

@Alicia9 Hola, mi nombre es Alicia. Tengo nueve años y en el cole no solo me hacen bullying sino que me pegan. Hay un grupo de niñas más mayores que me esperan a la salida de clase y me tiran del pelo, me roban la merienda, me dan patadas y lo graban todo con su móvil para luego postearlo y reírse de mí junto con el resto del colegio.

Os mando un mensaje privado porque no quiero que vean que me estoy chivando (sería peor aún). Estoy pensando en no volver al colegio nunca más. Me paso el día llorando en casa (mis padres no saben nada), no tengo amigos y lo peor de todo... ya no tengo ganas de vivir.

Cuties, ES HORRIBLE. Pero ¿cómo puede haber gente tan mala que haga daño así a los demás? No podíamos contener las lágrimas.

Esta niña necesita **AYUDA INMEDIATA**, y no creo que nosotras podamos ayudarla con un problema tan grande. Creo que debemos consultar a un **ADULTO**... pero **¿A QUIÉN?**

Ahora vamos a sacar a los perritos a pasear y hacer sus necesidades, y de paso **PENSAREMOS EN ALGO**.

¿CÓMO AYUDARÍAIS VOSOTROS A ALICIA?

- ☐ Pidiéndole que se lo cuente a sus padres y profesores.
- ☐ Diciéndole que se cambie de colegio.
- ☐ Denunciando a las niñas bullies.
- ☐ Siendo su amiga.
- ☐ Otra idea: ____________________________

La visita más inesperada

El paseo por el jardín ha ido **GENIAL**. Los perritos corrían **SUPERFELICES**: ¡Y meneaban tan rápido la cola que podrían haber salido volando como si fueran helicópteros!

Camila estaba tumbada debajo de un árbol leyendo algo en su móvil y comiendo uno de sus pastelitos. Parecía contenta.

¡SEGURO QUE ERA NUESTRO MENSAJE!

Nos hemos acercado y enseguida lo ha apagado.

Tenía **UNA SONRISA TAN GRANDE** que iluminaba todo a su alrededor, como si fuese un fluorescente o la linterna del móvil.

—Chicas, ¿sabéis qué? Quiero ser cocinera profesional —nos ha confesado—. Es mi pasión y lo que más me gusta, lo que realmente me hace feliz. **¡ME DA IGUAL LO QUE ME DIGAN!**

—**¡CLARO QUE SÍ!** —le hemos contestado al unísono.

Los perritos han venido corriendo detrás de nosotras, seguramente por el olor de los pastelitos que nos ha ofrecido Camila (¡y que estaban **SUPERHIPERMEGADELICIOSOS**, como si fuesen de una pastelera profesional!). Iggy se ha abalanzado sobre la fiambrera donde los llevaba Camila y ha metido su carita **LITERALMENTE** dentro de uno, así que el pastel se ha quedado enganchado en su hocico. **¡PARECÍA UN PERRO CON CABEZA DE PASTEL!**

A Tikky no le ha impresionado demasiado la trastada de su hermano, porque se ha puesto en modo degustador... **¡Y HA EMPEZADO A DARLE LAMETAZOS EN LA CARA PARA COMERSE EL PASTEL!**

Y como estos hermanos no pueden hacer **NADA** separados, el resto de los cachorros se han unido enseguida en esa merienda improvisada a base de lametazos... ¡y han empezado a lamernos **A NOSOTRAS TAMBIÉN!**

Parecía el día perfecto, **TODO EL MUNDO CONTENTO** y nosotras **MÁS** porque estábamos ayudando a mucha gente que ni siquiera conocíamos.

¡ESTABAN SIENDO LOS MEJORES DÍAS DE MI VIDA Y NO ME QUERÍA IR NUNCA DE ALLÍ!

Félix se ha acercado a nosotras, pero a la única a la que miraba era a Valentina, que se ha puesto **SUPERHIPERMEGARROJA** al instante. **¡PARECÍA QUE LE HUBIESEN PUESTO KÉTCHUP EN LA CARA!**

Creo que aquí hay tema, porque para impresionarla **FÉLIX** ha empezado a hacer piruetas en uno de los columpios, con tan mala suerte que se ha caído.

Eso sí, Valentina ha corrido a ayudarle y cuando estaban juntos... **¡SALTABAN CHISPAS!** Como en las pelíiculas románticas, **¿SABÉIS?** Cuando están cerca los dos enamorados, todo se vuelve perfecto y **BRILLANTE**, y es como si hubiese corazones en el aire.

El resto hemos mirado hacia otro lado, porque si están enamorados no creo que les haga mucha gracia tener a **TODO EL MUNDO** observándoles.

Y ha sido entonces cuando he visto que Julio se acercaba a nosotras. ¿Qué querría? Al ser hermano de las trillizas, me temía lo peor... Pero estaba equivocada. ¿Sabéis por qué se acercaba a nosotras?

Pues en realidad no quería nada de nosotras... ¡sino de **ISABELLA**! Ha venido a preguntarle si le apetecía ir a dar un paseo y ella, **INCOMPRENSIBLEMENTE**, ha aceptado encantada.

¿CREÉIS QUE AHÍ HABRÁ TEMA TAMBIÉN, *cuties*? ¡CUÁNTO AMOR EN UN ESPACIO TAN PEQUEÑO!

- [ ] A Julio le gusta Isabella, pero a Isabella no le gusta Julio.
- [ ] Seguro que los dos terminan enamorados, él no es como sus hermanas.

Como nos hemos quedado solas y los perritos seguían corriendo por el jardín, Selena me ha propuesto darme **UNA CLASE DE YOGA**. Al principio todo parecía fácil: te sientas, estiras las piernas... pero todo ha empezado a complicarse cuando he hecho el pino.

¿CUÁL HA SIDO EL PROBLEMA?

- [ ] No tengo muy buen equilibrio que digamos. ¡Nunca se me ha dado bien hacer el pino!
- [ ] Cuando estaba boca abajo y con las patas arriba, he visto que se acercaba a mí alguien muy guapo, con un pelo precioso, una sonrisa perfecta y un estilazo único.

OS IMAGINÁIS QUIÉN ERA, ¿NO?

EXACTO: ¡WILL!

Pelo tan perfecto que parece que salga de la peluquería
¡Su sonrisa es de anuncio!
Tiene estilazo. ¿Tendrá un personal shopper?

¡AHORA ME TOCABA A MÍ! Valentina estaba con Félix, Julio con Isabella... ¡Seguro que Will venía a preguntarme si quería dar un paseo! O... ¡directamente a declararse!

He dejado de hacer el pino al momento para estar más presentable, y ya me estaba imaginando la escena de **WILL ARRODILLÁNDOSE PARA COGERME LA MANO CUANDO HA DICHO:**

—DANIELA, HAY ALGUIEN EN EL VESTÍBULO PREGUNTANDO POR TI.

¿POR MÍ? Qué raro... pero ¡si yo no esperaba a nadie! Así que me he quedado sin escena romántica y he ido hacia el vestíbulo para averiguar quién era.

¿Tenéis alguna idea de quién preguntaba por mí?

- ☐ La directora, por algún problema con los perritos.
- ☐ una familia para adoptar los cachorritos, aún no saben que ya los han adoptado.
- ☐ otra idea:______________________

He abierto la puerta del vestíbulo, he entrado y... **OH, OH.**

NO ERA UN ADOPTANTE. NI LA DIRECTORA.

NI UN MONSTRUO (AUNQUE PARECÍA TAN ENFADADA COMO UN GORILA).

Eran... **¡MI MADRE Y MIS HERMANOS!**

¿QUÉ HACÍAN ALLÍ?

Cuties, LA COSA SE ESTABA COMPLICANDO POR MOMENTOS...